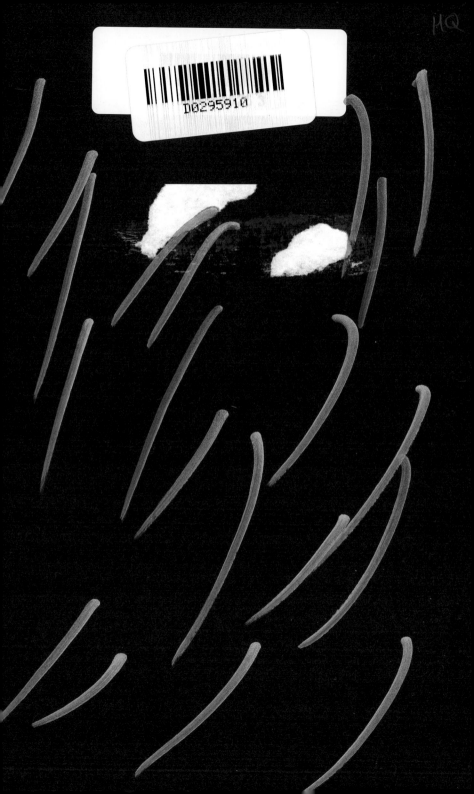

Cyrraedd

A CHERDDI ERAILL

Cyhoeddiadau
Barddas

ⓛ Alan Llwyd/Cyhoeddiadau Barddas ©
Y cerddi ⓛ Alan Llwyd ©
Argraffiad cyntaf 2018
ISBN 9781911584193

Cyhoeddwyd gan Gyhoeddiadau Barddas.

Dymuna'r awdur a'r cyhoeddwr gydnabod yr ysgoloriaeth a gafwyd gan Lenyddiaeth Cymru, a gefnogir gan y Loteri Genedlaethol trwy Gyngor Celfyddydau Cymru, i lunio cyfran helaeth o'r gwaith hwn.

Dymuna'r awdur a'r cyhoeddwr gydnabod hefyd y cymhorthdal a gafwyd gan Brifysgol Abertawe tuag at gostau cyhoeddi'r llyfr.

Diolch i Radio Cymru am ganiatâd i gyhoeddi rhai o gerddi Bardd y Mis Radio Cymru, Rhagfyr 2016. Cyhoeddwyd ambell gerdd eisoes yn y cylchgrawn *Golwg* a diolch am eu cydweithrediad hwythau.

Argraffwyd gan Wasg Gomer, Llandysul.
Dyluniwyd gan Tanwen Haf.

ALAN LLWYD

Cyrraedd
A CHERDDI ERAILL

Cyhoeddiadau
Barddas

Cyflwynedig i
Tristan Llew Rosier-Llwyd,
fy ŵyr bach

Cynnwys

CERDDI ERAILL

Cerddi Phoebe Flo Read

CYRRAEDD A CHERDDI ERAILL

Rhagair

Lluniwyd y cerddi a geir yn y gyfrol hon rhwng 2016 a 2018, ac ar ôl imi gyhoeddi *Cerddi Alan Llwyd, 1990–2015: yr Ail Gasgliad Cyflawn* yn 2015, ond yn 2017 y lluniwyd y rhan fwyaf ohonyn nhw. Yn 2017, cefais ysgoloriaeth gan Lenyddiaeth Cymru a oedd i barhau am chwe mis, a ffrwyth y cyfnod hwnnw yw bron pob un o gerddi'r gyfres 'Cyrraedd' a sawl cerdd yn ail adran y gyfrol, y 'Cerddi Eraill'. Rwy'n ddiolchgar iawn i Lenyddiaeth Cymru am yr ysgoloriaeth, ac rwy'n hynod o ddiolchgar hefyd am y cymhorthdal hael a gafwyd gan Brifysgol Abertawe tuag at gostau cyhoeddi'r gyfrol, yn union fel y mae Cyhoeddiadau Barddas yn ddiolchgar am y cymhorthdal hwn. Hoffwn ddiolch i'r Athro Tudur Hallam a'r Athro Kirsty Bohata am sicrhau'r cymhorthdal hwn i Gyhoeddiadau Barddas.

Dathlu cyrraedd oed yr addewid a wneir yn y gyfres 'Cyrraedd'. Y cerddi hyn, yn bennaf, yw ffrwyth cyfnod yr ysgoloriaeth. Mae'n rhaid i mi gyfaddef fy mod wedi 'dwyn' dwy o gerddi o'r adran 'Cerddi Eraill' i'w rhoi yn y gyfres hon, a'r rheini yn gerddi comisiwn. Cefais fy newis i fod yn fardd y mis ar Radio Cymru ym mis Rhagfyr 2016, a gofynnodd Shân Cothi imi lunio cerdd ar y testun 'Llythyrau', a sôn ynddi am fy mhrofiadau fel ymchwilydd wrth gywain deunydd ynghyd ar gyfer fy nghofiannau i rai o brif feirdd a llenorion y genedl. Mae gennyf chwe soned i wrthrychau'r cofiannau hyn yn y gyfres 'Cyrraedd', ac roedd y soned 'Llythyrau' yn gyflwyniad perffaith i'r sonedau hyn. Ar gais Llywodraethwyr Ysgol Botwnnog yn Llŷn y lluniwyd y cywydd 'Llanw a Thrai', i ddathlu pedwar canmlwyddiant sefydlu'r ysgol, ond roedd y cywydd hwn hefyd yn gweddu'n berffaith i'r gyfres 'Cyrraedd'. Dylwn esbonio hefyd fod rhai o'r cerddi yn deyrngedau cudd i feirdd eraill, o C. P. Cavafy o Wlad Groeg i feirdd fel Samuel Taylor Coleridge, Waldo Williams, a sawl un arall.

Y mae rhai o'r 'Cerddi Eraill' hefyd yn weithiau comisiwn. Ar gais y cylchgrawn *Golwg* y lluniwyd y cerddi canlynol: 'Paris: Tachwedd 13, 2015', 'Blwyddyn Newydd', 'Argyfwng y Diwydiant Dur', 'Tad y Cynulliad' ac 'Etholiad 2017'. Ar gais rhai o gyflwynwyr Radio Cymru, pan oeddwn yn Fardd y Mis, y lluniwyd 'Calendr Adfent', 'Galwad Cynnar', 'Bethlehem', 'Cyflwr y Byd' a 'Llythyrau'. I gloi, ceir adran sy'n dwyn y teitl 'Cerddi Phoebe Flo Read'. Mae'r englynion yn yr adran hon, ac eithrio un, yn gerddi comisiwn, ond fe'u comisiynwyd dan amgylchiadau dwys a thrasig, fel yr eglurir yn yr adran honno.

Dymunaf ddiolch, yn olaf, i Alaw Mai Edwards ac i Elena Gruffudd am lywio'r gyfrol drwy'r wasg, ac i Iola Wyn a Chyhoeddiadau Barddas am bob cymorth, cymwynas a chyngor a gefais ganddyn nhw.

Alan Llwyd

Cyrraedd

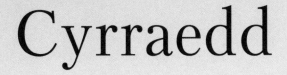

Prolog

Cyrraedd

'Tir! Tir!'
Fry, yn nyth y frân,
gwelai'r gwyliwr
amlinell ymhell o'i flaen ar y môr,
y rhimyn o dir ymhen y daith,
y glannau a ddisgwyliai inni
eu cyrraedd gyda'r cerrynt:
y ddaear a addawyd
i bob un ar derfyn y daith.

'Tir! Tir!'
galwai'r gwyliwr
drachefn o'i dŵr chwil,
a'r dec dano yn gyffro i gyd,
y criw, wedi hen gyffroi,
yn paratoi i gyrraedd y tir,
paratoi'r offer a'r gêr i gyd
i gyrraedd y tir ar y gorwel.

Hwyliai'r llong ymlaen, ymlaen tuag at yr amlinell,
hen linell a oedd yn diflannu
yn raddol fel y cyrhaeddem,
a ninnau yn hwylio ymlaen at y man lle'r oedd
awyr las a môr asur
yn cyfarfod â'i gilydd:
y ddau las a'n cwmpasai
ar y siwrnai hir, asur y nef
uchod, ac isod, asur
y môr ei hun.

Bu'n fordaith hir:
deng mlynedd a thrigain o fordaith,
er inni dorri'r daith
trwy alw heibio i borthladdoedd estron,
glanio ar ryw ynys dramor ddiarffordd i orffwys
am ychydig ddyddiau cyn parhau ar yr hynt;
egwyl fechan rhag inni glafychu
ar fwyd a dŵr llwgwr y llong
i wledda mewn porthladdoedd.

Minnau, fe'm magwyd yn ymyl y môr
yn y porthladd cyntaf hwnnw, man cychwyn y daith;
roedd y môr yn fy ngwaed; môr oedd fy mêr i;
curiad fy nghalon oedd rhythm y tonnau,
y môr oedd fy Nghymraeg; y môr oedd fy mrawddeg.
Y môr oedd stormydd fy more, y môr yn ei hedd fy mhrynhawn;
y môr, ddiwedydd, oedd fy mreuddwydion;
y môr oedd fy nhymherau,
llawenydd y llanw, tristwch y trai.

Yma y dysgais
fy nghrefft fel morwr a bardd,
y grefft a ddysgais wrth argraffty
didor y môr, a'r tonnau'n dudalennau dilynol,
a'r peiriant yn darparu
pentyrrau o lyfrau, a'r lan
gan dudalennau'r cyfrolau yn frith.

Drwy gydol y fordaith hir,
hwyliasom drwy stormydd, dros deirmil
o dymhestloedd a ystumiai ystlys
y llong, a'r cig yn llawn llyngyr,
a'r dŵr yn bwdwr, llawn baw;
yntau'r gwynt, ar ei gyrch,
yn gyrru â'i fflangell yr ysgraff o long
ymlaen, ymlaen drwy'r stormydd mileinig,
a'r llong yn ymwingo wrth i'r gwynt ei chorff-flingo â'i fflangell,
ei chwipio a'i hyrddio i'w hynt.

'Tir! Tir!
  Tir fan draw'n y pellteroedd,
  tir ym mhen draw'r milltiroedd!'

Gostyngwch yr hwyliau, gollyngwch yr angor,
paratowch y cychod ar gyfer dyfod i dir;
llanwch y cychod â lluniaeth,
llenwi'r casgenni â gwin,
ac â phob atgof a phrofiad
a gasglwyd ar y fordaith cyn cyrraedd
y tir di-ieuenctid hwn.
Rhwyfwch tua'r lan â phob profiad,
pob cof a phob atgof byw
i'm cynnal rhag mai anial yw'r ynys.

Llyfr Lòg: Cofnod 1

Heddiw cyrhaeddais
ben draw'r daith
ar ôl deng mlynedd a thrigain o baratoi,
o baratoi yn Abertawe
am ddeugain mlynedd
ar gyfer rhan olaf y fordaith,
rhan olaf y siwrnai helaeth
i gyrraedd diwedd y daith.

Ni ddaeth pawb gyda mi.
Collais amryw byd ar y daith,
cyfeillion, cymdeithion da,
rhai wedi hen groesi oed yr addewid
ac eraill heb ei gyrraedd.

Cymerodd y fordaith hon
gyfran o ddwy ganrif
i ddod i'r tir addawedig;
cymerodd y fordaith gron
ddwy long i gyrraedd y lan –
llong yr hen ganrif
a oedd wedi trengi trwy fusgrellni, ysgraff
a fu farw fel y ganrif ei hun,
a llong y ganrif newydd.

A daeth mordeithiau
rhai i ben wrth hwylio'r byd
ar fôr canrif arall,
hen griw a fu'n driw i'r diwedd.
Daethant ac aethant i gyd:
oedi, ymadael; aros am orig;
eiliad o wawr cyn y machlud eirias,
cyn darfod â bod am byth,
fel dail yng ngafael dylif,
fel gwawn yng ngafael y gwynt.

Heddiw cyrhaeddais.
Y naill long i'r môr a ollyngais
a'r llong arall a angorais
yn nŵr yr harbwr hwn.

Llyfr Lòg: Cofnod 2

Ben bore,
aeth y criw i gyd
ymaith, ar fy ngorchymyn,
i chwilio'r tir;
aethant i chwilio am ffrwythau,
am afalau, am berllannau llawnion,
am orennau a melonau a lemonau,
aeron a mafon a mefus
a grawnwin a phomgranad;
aethant ymaith hefyd i chwilio
am afonydd croyw a ffynhonnau glân.

Hon, meddwn i, yw Gwlad yr Addewid,
gwlad sy'n disgleirio gan wlith y maes,
gwlad sy'n llifeirio o laeth a mêl:
ewch i chwilio am wlith y maes,
ewch i chwilio am laeth a mêl,
a dychwelwch wedi chwilio
i ddweud am yr hyn a welsoch
ar yr ynys hon.

Ac ymhen ychydig oriau fe ddaethant yn ôl
i ddweud am eu canfyddiadau
ar yr ynys hon;
ac fe ddaethant yn ôl
yn waglaw ac yn llwglyd.

Yma nid oes ond gwlad â'i phomgranad yn grin
a dyfroedd ei hafonydd yn grawn,
a'i changhennau a'i gwreiddiau yn grach,
yn gancr i gyd;
olewddu yw'r porthladdoedd;
olew a gwastraff a rhwd
yn llygru pob ffynnon, halogi pob afon â baw,
a'r dŵr mor bwdwr â'r bwyd
ar rai o'n siwrneiau ni:
dŵr oediog yn llawn drewdod
a gwastraff ar wastraff yn tagu pob ffrwd,
yn rhwystro, yn llesteirio'r dŵr.

A beth am y bobl?
Pwy yw'r sawl sy'n preswylio
ar yr ynys hon?

Ynys yr henoed yw hon.
Nid gwlad i rai ifanc mohoni; yma mae henwyr,
a henwyr yn unig, yn byw.
Hi yw ynys ein henaint,
a thiriogaeth y rhai deg a thrigain
yn unig.

Yma, cei fwrw blwyddyn,
ti yn unig.
Yfory bydd yn rhaid i ni
hwylio ymaith, a'th adael yma,
yma, ar ynys hon,
i dreulio blwyddyn gron.

Llyfr Lòg: Cofnod 3

Beth a wnaf ym mhellafion
yr ynys anhysbys hon,
lle nad oes ond hen ddynion?

Beth a wnaf yma heb un
cyfaill na chydymaith, neb dyn,
yma ar fy mhen fy hun?

Ac meddai'r llais,
y llais oddi mewn i mi
a oedd i ddod mor gyfarwydd:

    Dyma dy gyfle
    i gofio a myfyrio am y pethau a fu
    yn ystod dy fordaith drwy fywyd.
    Cei lawer awr i groniclo'r hiraeth
    a brofaist erioed,
    ac i lunio'r cerddi hynny y methaist eu llunio
    oherwydd bywyd a'i fân ofynion,
    oherwydd bod llawer gormod o bwysau gwaith
    weithiau'n dy lethu,
    tithau'n brysio, rhuthro o hyd,
    rhuthro i gyflawni rhyw weithred
    neu'i gilydd; ateb pob galwad;
    y cerddi y methaist â'u creu
    oherwydd yr holl alwadau, yr atyniadau,
    y dyletswyddau a'r defodau fyrdd,
    y pethau hynny sy'n ceisio ein rhwystro
    rhag cyflawni dim,
    ar wahân i ryw fân ofynion,
    y mân orchwylion mynych
    sy'n llesteirio popeth.

Fesul cerdd, y flodeugerdd yw dy gyfle di
i fwrw golwg eilwaith
ar yr hen lwybrau hynny
a droediaist ar dy grwydradau.
A hwn yw dy gyfle di
i ailbrofi, ar hen lwybrau, afiaith
dy blentyndod gynt,
dy gyfle i ail-fyw
pob cyffro a brofaist, pob gofid a gefaist gynt.

Yma cei'r hamdden a'r hoe
i greu, fesul cerdd, dy flodeugerdd dy hun,
a throi'n eiriau ddagrau ddoe,
dagrau ddoe yn troi'n eiriau'n dy gerddi, a'u hawen
yn rhan o'r dagrau hynny;
dagrau ddoe yn dy gorddi o hyd,
dy gorddi i greu dy flodeugerdd gron
ar yr ynys arswydus hon.

Dagrau yn unig?
Beth am yr hwyl a'r chwerthin,
y dyddiau dedwydd, y llawenydd llwyr?

Dibarhad yw'r donioldeb a'r hwyl,
a'r chwerthin yn chwerthin chwith.

Ond beth am yr atgofion?

Cei gadw'r rheini tra byddi byw.
Y rheini yw trysorau bywyd,
y rheini sy'n cyfiawnhau
ein rhoi ar y ddaear hon:
dal ein cyntaf-anedig am ychydig funudau
yng nghrud ein breichiau;
agor anrhegion yn deulu ar ddydd y Nadolig;
ymlacio, treulio awr ar y traeth
yn haul rhyw haf sydd ymhell
yn niwl y gorffennol annelwig,
niwl pŵl y gorffennol pell.

Ym mha le y dechreuaf?

Dechreua gyda'r rhai a gollaist:
dwyn i gof dy gyfoedion gynt,
y rhai a adewaist ar ôl,
y gwŷr a fethodd gyrraedd
oed yr addewid.

Blodeugerdd Gwlad yr Addewid:
Cofio'r Rhai a Fu ar y Fordaith

Heddiw rwy'n cofio'r rhai a fu ar y fordaith,
y rhai hynny a fu imi'n gwmni ar y siwrnai faith,
dwyn i gof fy nghyfoedion gynt yn ystod y daith.

Y cyfoedion hynny na chyrhaeddodd yr un ohonynt,
yn eu llongau brau, y dyddiau a addawyd iddynt;
a gofid yw dwyn i gof fy nghyfoedion gynt.

Roy Stevens a oleuai'r ystafell i gyd â'i frwdfrydedd,
yr un a'i gynnwrf bachgennaidd ynghylch y gynghanedd
yn gynnwrf a aeth yn llawer rhy gynnar i'w fedd.

T. Glynne, a glowniai ei ffordd i galonnau dynion
cyn i'r cancr barlysu ei lais a'i falu'n adfeilion,
y bardd nad oedd ei wamalu yn celu'i dorcalon.

Arfon y gŵr pendefigaidd, boneddigaidd ei wên;
yn dawel gerbron Duw, i'w Dduw y cysegrodd ei awen,
a'r fflachiadau yng ngleiniau'i englynion fel sêr y ffurfafen.

Iwan Llwyd, rhy hunanddistrywgar i groesi ei drigain;
yn rhy agos at y creigiau yr hwyliodd; yn rhy droednoeth drwy'r drain
y cerddodd, ac fe heriodd yr haul er mor fregus ei adain.

Gwynfor ab Ifor, a fu, â'i awen yn wewyr,
yn chwilio, ymhell o'i Fethesda, am ryw fath o ystyr
i'w fywyd, ond yn ofer ac ynfyd â'i fywyd mor fyr.

Gwynn ap Gwilym, ysgolhaig, a'i Hebraeg mor loyw â'i bregeth;
a'i ymroddiad i'r iaith Gymraeg yr un mor ddi-feth
rhag rhuthro o'r moch i'w winllan, rhag anrheithio Machynlleth.

A Gerallt, fel y dôi i gyrraedd Gwlad yr Addewid,
yn boddi yn ymyl y lan, y bardd aml ei lid
yn erbyn taeogrwydd ei wlad, na chyrhaeddodd ei ryddid.

Yn eu heirch dros erchwyn y llong y gollyngwyd y rhain
a'm gadael fan hyn yn unig yn fy neg a thrigain,
a'u lleisiau ynof, a'u henwau yn fy nghof yn wylofain.

Llyfr Lòg: Cofnod 4

Heno mae'r criw yn morio canu,
morio canu'n y Gymraeg heno.
Canant a dathlant fod hanner y daith
a'i holl strach bellach ar ben;
dathlu, cyn wynebu'r siwrnai yn ôl,
i'w glannau diogel eu hunain.

Yfory cânt forio ymaith
a dychwelyd i'w cynefin eu hunain,
i'w cartrefi eu hunain, ac eto, nid y criw terfynol
mo'r rhain ychwaith. Bydd eraill yn ymuno â nhw
yn ystod y fordaith, mewn porthladdau gwahanol.
Mae'r criw yn griw diddiwedd,
yn griw sy'n newid o hyd,
yn newid wrth i oed yr addewid ein newid ni.

Daethant gyda mi ar fordeithiau
nes inni gyrraedd terfyn y daith;
yfory fe'm gadawant,
mordwyo, hwylio ymhell;
fe ânt; fe'm gadawant i.

Ar ôl gwagio'r barilau i gyd
fe ânt i gysgu,
chwyrnu a rhochian cysgu, wrth i bob casgen
o gwrw fwrw ei diferion olaf
ar loriau a 'styllennau'r llong.

Af innau hefyd i gysgu,
ond nid cyn cynnig gweddi o ddiolch i Dduw
am fy amddiffyn yn nannedd pob tymestl
ddig, am fy nghadw'n ddiogel
trwy gydol y daith, am gystwyo a gostegu'r gwyntoedd,
rhwystro a llesteirio pob storm.

Blodeugerdd Gwlad yr Addewid:
Gweddi o Ddiolch

(ar ddydd fy mhen-blwydd yn 70 oed)

Cedwaist Ti dy addewid, Dduw,
a rhoddaist imi, wrth gyflawni dy addewid i ddyn,
y rhodd werthfawrocaf erioed,
y fraint odidocaf erioed.
Dy rodd oedd y cyflawnder o ddyddiau
a gefais gennyt yn gyfoeth:
y nifer addawedig o ddyddiau, na freuddwydiais
erioed y cyrhaeddwn eu rhif,
a diolchaf fy mod yn un o'r rhai
a anrhegaist â deng mlynedd a thrigain
o flynyddoedd, gan gyflawni heddiw
yr hyn a addewaist erioed.

Diolch i Ti, Dduw, am dy holl fendithion,
dy roddion, dy fendithion Di.
Diolch i Ti am roi imi'r Gymraeg
yn iaith fy nhafod, iaith cyfleu pob rhyfeddod a fu
erioed, yr iaith a siaradaf,
yr iaith y meddyliaf ynddi,
iaith fy hynafiaid, iaith fy nghynefin
yn Llŷn yn fachgennyn gynt.
Diolch i ti am roi imi iaith
mor gain, rhy gain i'w llurgunio
gan dafodau diog;
ac addawaf fi
y cadwaf yr iaith a roddaist imi'n ddi-staen,
a'i llefaru â graen a grym.

A diolch, hefyd, am deulu, a chyfaill
neu ddau i fyrhau'r oriau hir.
Diolch i Ti am roi imi'r wraig
a fynnwn i'n fwy na neb;
y wraig a werthfawrogaf bob dydd o'm bywyd,
hon, y wraig a'm hanrhegodd
â dau fab di-fai,

yr un a roddodd ei chalon a'i meibion i mi,
a'r rheini, yn eu tro, yn rhoi
inni'r ddwy rodd orau un,
yn ŵyr ac wyres.

A diolch i Ti am roddi imi'r ddawn
i farddoni, y cyfaredd hwnnw
o greu â geiriau.
Diolch i Ti am y ddawn i fynegi, fin nos,
fy hiraeth am yfory
nad yw byth yn dod;
y ddawn i sylwi ar y dydd yn noswylio,
a'r sêr yn ehangder y nos,
fel meri-go-rownd, yn gryndod o oleuadau
yn ffair y ffurfafen;
y ddawn i gyfleu tawelwch pruddglwyfus y lleuad,
y ddawn i fynegi ffyrnigrwydd unigrwydd y nos;
ac, yn anad dim, diolch am ganiatáu
imi gyrraedd oed yr addewid.

Llyfr Lòg: Cofnod 5

Mae'r hwyliau yn llawn o wynt, y mae'r llanw yntau
yn barod i'w tynnu ben bore
ar gychwyn y siwrnai faith;
ac mae'r criw yn trin y gêr, yr offer a'r rhaffau
cyn dechrau'r daith.

A ddaw yr hen griw yn ôl ar ôl imi dreulio
blwyddyn fan hyn, yn unig
fan hyn, ar derfyn y daith,
fan hyn ar y dernyn o dir lle nad oes na chyfeillion
na chymdogion ychwaith?

Mae'r llong, wrth hwylio, yn blingo'r cefnfor â'i blaen,
a'r dŵr dani yn dirdynnu,
dirgrynu, crychu; mae craith
o'i hôl ar y môr wrth hwylio, ac mae'r criw diwyd
i gyd wrth eu gwaith.

Safaf ar y lan yn ei gwylio yn hwylio ymaith,
ei gwylio yn hwylio i'w hynt,
yn siglo-fordwyo ar daith
gan wegian, a'r coed yn crecian, a'r hwylbrenni'n cracio
dan y mastiau llwythog, llaith.

Llyfr Lòg: Cofnod 6 a 7

Myfyrdodau ar Amser

1.

Er rhoi o'i gyfoeth mor hael, dwg hefyd
y cyfoeth o'n gafael;
ar goll mae eto ar gael,
yn oedi er ymadael.

2.

Fe roed brenin inni'n was; er yn deyrn
nid oes iddo deyrnas,
a llym ydyw'r gyllell las
ym maneg ei gymwynas.

Blodeugerdd Gwlad yr Addewid:
Hwylio i Ithaca

Pa mor hir y buom
ar y fordaith ddiffaith hon?

Yn hwy nag a dybiai neb.

Ymaith yr hwyliasom a threulio oesoedd
ar y môr, ymhell
o olwg unrhyw lan,
misoedd ar fisoedd o fôr,
blynyddoedd o dymhestloedd a môr,
môr a dim arall ond môr, yn ei holl dymherau,
canrifoedd o ddyfnderoedd a dŵr,
a ninnau heb gyrraedd un man.

Buom ar y fordaith honno i Ithaca gynt,
roedd Ithaca, trwy gydol y fordaith,
yn hawlio ein meddyliau.
Ein tynged oedd cyrraedd y tir
er na fynnem brysuro'r siwrnai.
Y siwrnai oedd ein gwir bleser ni
nid cyrraedd diwedd y daith.

Yn ystod y fordaith
fe welsom borthladdoedd dieithr,
porthladdoedd estron, anghyfarwydd,
a dinasoedd yn llawn o farchnadoedd, a ffrwythau a chnydau
yn llenwi pob stondin, a dwndwr
yn llenwi pob lle, pob heol,
a sawr y perlysiau yn ein ffroenau'n cyffroi
ein cyneddfau i gyd.

Nid oeddem ar frys i gyrraedd.
Gwyddem yr heneiddiem ni
unwaith y cyrhaeddem yr ynys.

Unwaith hwyliasom heibio
i Ynys y Seirenau;
fe'm clymwyd yn sownd wrth y mast rhag ofn i rymuster
eu cân fy hudo i'w côl,
a hwythau'r morwyr yn llenwi eu clustiau
â chwyr fel na chlywent ychwaith
y seirenau hyn a geisiodd, ar ein siwrnai hir,
ein denu ni i'n dinistr
â chanu melysach na mil o eosiaid.

Golud na moeth ni ddisgwyliem
ar ôl cyrraedd Ithaca;
gobeithiem mai yn ystod
y daith ei hun y casglem bob doethineb,
pob gwybodaeth, pob moeth a phob cyfoeth,
breuddwydion ac atgofion, ar gyfer
gweddill ein dyddiau. Gwyddem
na chaem yn Ithaca'i hun
na moeth na chyfoeth na chân,
a dyna pam yr oedd
y fordaith faith, gyfoethog
yn bwysicach na phreswylio, heb swcwr,
ar yr ynys ei hun.

Llyfr Lòg: Cofnod 8

Ar ôl iddyn nhw fy nhywys at ynys fy henaint
heno rwy'n hiraethu amdanynt,
y rhai a'm hebryngai, cyn bwrw angor
yn ymyl yr ynys arswydus hon,
ar hyd y daith.

Y rhai na chânt
roi troed ar y tir hwn,
a'r rhai a fu yma
eisoes, ond a hen ymadawsant.

Heno rwy'n hiraethu amdanynt,
y criw a'm gadawodd fan hyn,
fy ngadael gan fy nhynghedu
i fyw ar yr ynys hon
yng nghanol angau a henaint
i grino am flwyddyn gron;
y rhai a fu imi yn gwmni gynt
yn fy ngadael i hel meddyliau
yng Ngwlad yr Addewid.

Blodeugerdd Gwlad yr Addewid:

Llan Ffestiniog

Nid oedd yno fôr,
dim ond meini, llechi llwyd;
meini a llechi ar bob llaw a'r glaw yn eu gloywi
drwy'r dydd, bob dydd,
yn un bedydd di-baid.

Erbyn hyn, ni chofiaf fawr ddim am y lle:
tri llun yn unig o'm nain
sydd gen i: y llun ohoni gyferbyn â 'nhaid
yn eistedd o flaen y tân, ·
a minnau'n eistedd ar y llawr
yn chwarae â theganau, yn gynnes
o flaen gwres y grât;
a'r llun ohoni yn sefyll,
a'r heulwen yn llifo drwy ffenest
fy atgof, rhyngof a'r haul.

A'r trydydd llun yw'r llun ohoni'n y llofft
yn cysgu yn drwm yn ei gwely, a minnau'n ei gwylio
drwy gil y drws, a dirgelwch
rhyfedd yn araf grynhoi
o amgylch ei thrwmgwsg.
Ni wyddwn fy mod, ar y pryd,
yn gwylio ei chwsg olaf,
yr hun na ddeffrôi ohoni
byth bythoedd.

Y ddau hyn a'm magodd i
hyd at ryw bump oed,
hyd at y trwmgwsg terfynol hwnnw.

Ni wn yn union
ymhle y mae'r ffin
rhwng sylwedd a rhith,
y ffin rhwng y gwir a'r ffug, rhwng dychymyg a chof,
ond gwn nad yw'r plentyn hwnnw
bellach yn bod.

Blodeugerdd Gwlad yr Addewid:
Y Gyfrinach

Ni wyddwn pwy oedd fy nhad. Nid cadw'r gyfrinach
   o fewn y teulu a wnaed. Ni ddywedodd fy mam
ei enw erioed, ac ni ddadlennodd ei linach
   ychwaith, ac ni wn a oedd hynny'n gymwynas neu'n gam.

Beichiogwyd fy mam fiolegol gan yr un a'i cyflogodd
   yn forwyn am ryw flwyddyn fer. A roddwyd cil-dwrn
iddi yn dâl am gau'i cheg gan y gŵr a'i beichiogodd,
   a hwnnw'n ŵr priod? Drwy'r blynyddoedd bu'r dyfalu yn fwrn.

Ac fe glywais ei enwi. Un o bileri ei blaid;
   bargyfreithiwr, gwleidydd, sosialydd, ymgeisydd seneddol
ar ran Meirionnydd. Ai hwn a boenydiodd fy nhaid
   a heneiddio fy nain, a'i weithred yn gyfreithlon droseddol?

Cedwaist y gyfrinach, Feirionnydd, yn llawer rhy hir:
daeth yn amser bellach i ti gyfaddef y gwir.

Llyfr Lòg: Cofnod 9

Y mae'n rhaid mai yn yr haf
y symudais i Lŷn.
Rwy'n cofio deffro ar derfyn y daith
yn sedd ôl y car,
a thywyllwch a llonyddwch y nos
yn cau amdanaf;
rwy'n cofio sŵn brigau, mieri a drysi a drain
yn crafu'r gwydyr â gwich,
yn sgriffinio'r ffenest.
Roedd y gwrychoedd fel gwrachod
yn estyn eu bysedd a'u hewinedd hir
ataf cyn i'r car arafu
a dod i ddiwedd y daith;
mieri a drysi yn torri ar draws
fy nghwsg â'u crafangau hir,
gan fygwth crafu fy llygaid, creithio fy wyneb.
A dyna pam y credaf, hyd y dydd hwn,
mai yn yr haf, pan oedd
y tyfiant yn ei anterth,
y cyrhaeddais Lŷn.

Blodeugerdd Gwlad yr Addewid:
Cyfarfod â'r Môr

Roedd o yno'n fy nisgwyl, ie, hwn oedd fy nghynhysgaeth
ymhell cyn imi gyrraedd, môr fy magwraeth,
môr fy mebyd;
rowliai farilau'r tonnau,
faril wrth faril, i gyfeiriad
y lan,
a'r rheini'n malurio'n chwilfriw
wrth i'r creigiau eu rhwygo,
a'r ewyn cwrw yn cyrraedd
pob cwr o'r traeth.

Meddwyn oedd y môr
yn baglu fel ffŵl yn drwsgwl ar draws
ei draed ei hun wrth gyrraedd y lan,
wrth i'w donnau dorri a chwalu.
Cymeriad oedd y môr
yn tynnu sylw ato'i hun,
tynnu, fesul ton, sylw ato'i hunan
er mwyn creu argraff arnaf.
Roedd y môr wrthi
yn bwrw'i din dros ei ben,
yn sboncio, strancio, swancio, neidio fel sioncyn-y-gwair,
yn troelli'r ewyn, yn treiglo graean,
yn troi tudalennau'r traeth
wrth i frawddegau'r tonnau lenwi tudalennau'r lan.

A hwn oedd fy ffrind,
fy ffrind ar fy mhererindod
beunyddiol ar hyd y traeth;
cwmni i mi oedd y môr,
gwymon a môr yn gwmni i mi,
yn ewyn o gwmnïaeth,
cwmnïaeth grintach y traeth ar adeg y trai,
a chyfeillach lawnach ei lanw,
a'i greigiau yn gyfeillgar o agos,
a'r môr a'r traeth a'r creigiau
yn gwarchod fy mhlentyndod i.

Chwaraeai â lluwch yr ewyn;
wrth i'r tonnau godi
casglai eira i ffurfio cesyg o liw arian,
rowlio pelen enfawr o eira
don ar ôl ton;
wrth i'r tonnau dorri
gwasgarai'i gesyg eira
ar hyd y lan.

Llaethdy oedd y môr,
hufenfa anferth;
yr oedd wrthi, pan oedd y tonnau
yn cyrraedd y lan, yn corddi ei laeth
yn feddw â'i fuddai.

Syrcas oedd y môr,
cesyg arian yn syrcas agored
y môr oedd y tonnau ewyn,
meirch arianfwng y môr
yn carlamu tua'r lan;
a'r môr â miri
yn ei chlownio hi wrth chwalu ei ewyn o hyd
ac o hyd ar hyd cylch tywod o draeth;
a ffair oedd y traeth:
yn glown, siwglai'r môr â'r gwylanod,
gwylanod ar siglenni,
siwglai hwn â'r rhesi gwylanod,
wrth iddo berfformio'n y ffair.

Newydd i mi oedd y môr,
y môr yn ei holl dymherau,
y môr yn ei holl dymhorau;
a hwnnw'n llew, ac weithiau'n oen llywaeth,
yn fwystfil, yn anghenfil ynghwsg;
yn rhuo weithiau, yn crio'n hiraethus;
creu sŵn fel sŵn hisian seirff
dro arall, ar drai, wrth droelli'r dŵr ewyn
a llusgo'r gro a'r graean,
ar hyd y lan.

Ac amser oedd y môr:
roedd cloc dant-y-llew ei ewyn
yn gwasgar oriau fel hadau ar hyd
y traeth;
roedd y tonnau'n eiliadau, yn funudau,
yn fynd a dod holl funudau dyn,
ac amser oedd y môr, er na wyddwn hynny
pan oedd pob heddiw yn heddiw diddiwedd,
pob dydd yn dragywydd gynt.

Blodeugerdd Gwlad yr Addewid:
Sonedau i 'Nhaid

1.

Ni wn pa bryd yn union y cyrhaeddodd Lŷn
    a gadael Meirionnydd; yn rhannol y croesodd y rhiniog
o'r naill le i'r llall; i sir arall o'i sir ei hun,
    oherwydd, er croesi'r ffin, ni adawodd Ffestiniog

erioed yn ei feddwl. Rwy'n ei gofio yn pwyso'n drwm
    ar ei ffon a'i orffennol: yr unig ddau beth a'i cynhaliai
rhag cwympo i'r ddaear, wrth iddo grwydro yn grwm,
    a rhwng y ddau fyd, ffin dila oedd y ffon a'i daliai.

Rwy'n cofio hefyd fel y cadwai ynghudd ym mhocedi
    ei wasgod bob math o bethau amheuthun i mi,
ar ôl iddo'u dwyn o'r pantri, teisennau, bisgedi,
    a chadw hynny'n gyfrinach dynn rhyngom ni;

ac mae blas y bisgedi, yr un mor arhosol â rheg
ei enau'n fy nghlustiau, yn parhau o hyd yn fy ngheg.

2.

Hyfforddi cŵn defaid ac adroddwyr oedd pethau fy nhaid;
   croeseiriau, corau, a siarad am bobol ei sir,
eu hynt a'u helyntion, ac o'i holl dalentau, mae'n rhaid
   mai diawlio oedd ei dalent bennaf; fe'i clywid trwy'r tir

yn rhefru, yn rhegi a rhempio a diraddio'r drefn
   a yrrai fechgyn i ryfel. Pan oedd rhyfel drwy'r byd
melltithiai'r rhyfelgwn, 'y cachgwn di-asgwrn-cefn';
   goroesodd un stori amdano: un tro, ar y stryd

yn Llan Ffestiniog, gofynnodd rhyw swyddog o Sais
   iddo am yr union ffordd i ryw wersyll hyfforddi.
Pwyntiodd at y ffordd. 'But my map says otherwise,'
   meddai'r swyddog trahaus, nes bod gwaed fy nhaid yn corddi.

'Well, follow your bloody map, then,' atebodd yn ffrom,
a'i yrru i Loos, Neuve-Chapelle, Passchendaele a'r Somme.

3.

Roedd fy nhaid yn adnabod Hedd Wyn. Arferent gystadlu
   ym mân eisteddfodau Meirionnydd, cyn i'r Rhyfel Mawr
atal un rhag cystadlu am byth. Bu'r ddau yn anadlu
   yr un awyr a'r un awyrgylch, o wyll hyd wawr.

Yr oedd y ddau hefyd yn rhannu yr un athroniaeth:
   gwerthoedd y capel, casineb at ryfel, at drais;
ac wrth gystadlu yn fynych – Hedd Wyn ar farddoniaeth,
   a 'nhaid fel unawdydd – enillasant sawl gwobr â'u llais.

Roedd fy nhaid yn arweinydd corau yn ogystal â chanwr,
   a'i gôr yn gwlwm brawdgarwch, yn frawdoliaeth dynn,
cyn troi'r corau yn gofgolofnau gan lafn y crymanwr
   a fu'n medi cenhedlaeth fy nhaid a chenhedlaeth Hedd Wyn.

Mewn llyfr, mewn cerdd ac mewn ffilm, bu'r ŵyr yn coffáu
y taid a Hedd Wyn, a stori annatod y ddau.

4.

Hafau'r pumdegau. Fe yrrent o bob cyfeiriad
  i gyrraedd y traeth, gan barcio yn y lôn hir
yn ymyl y tŷ, er mwyn cyrraedd traeth Porth Ceiriad,
  a thalu swllt am yr hawl i ddefnyddio ein tir.

Oes symlach oedd honno: ni fyddai'r ymwelwyr yn cloi
  eu ceir cyn mynd i Borth Ceiriad. Camgymeriad mawr
oedd hynny â 'nhaid yn ffroeni, wedi lled-gyffroi,
  fod eu ceir yn llawn o groeseiriau, fel pe bai'n dilyn sawr

y papurau; âi i mewn i gar ac eisteddai'n y blaen;
  bwrw ati i ddatrys y croesair, nes ei gwblhau,
a'i ddau ŵyr yn wardio; ar ôl gorffen un âi ymlaen
  i ddatrys un arall, nes y clywai sŵn lleisiau'n nesáu.

Maen nhw i gyd wedi mynd erbyn hyn i ganlyn y gwynt,
y rhes hir o geir a'r hen ŵr a'i groeseiriau gynt.

5.

Ni wyddwn, drwy'r holl flynyddoedd, pa bryd y bu farw,
    na bod ei farwolaeth yn clymu dau beth ynghyd.
Ar y degfed ar hugain o Hydref, yn ôl carreg arw
    ei fedd ym Mynwent y Llan y gadawodd y byd.

Roeddwn i ar y pryd newydd gychwyn, yn un ar ddeg oed,
    yn Ysgol Botwnnog; dyna'r flwyddyn y daeth y teledu
i'n byd bychan ni. Ni welodd yr hen ŵr erioed
    y fath ladd a difa, yn union fel pe bai yn credu

fod dramâu a ffilmiau yn ffaith. Un noson diffygiodd
    y set deledu yn llwyr. 'Mae angen glanhad
ar hon', meddai 'nhad, 'a'i charthu o'r cyrff,' a dadblygiodd
    y set, ond ni allai ddeall hiwmor fy nhad;

a'r noson honno, diffoddodd yntau yn llwyr,
fel y set deledu, a huno heb ffarwelio â'i ŵyr.

Llyfr Lòg: Cofnod 10

Estynnwyd pridd Ffestiniog yn ysgafn
    dros ei gwsg trugarog;
    rhannu a wnaeth fy Nhír na nÓg,
    ond tynnais at Fotwnnog.

Dieithr oedd tywod a thraeth Llŷn iddo;
    llawn oedd ei alltudiaeth;
    dychwel i sir ei hiraeth,
    lle'r oedd mynyddoedd, a wnaeth.

Croesi'r ffin i Ffestiniog, i Feirion
    lle bu'i fore heulog:
    henwr yn croesi rhiniog
    Annwn oer fy Nhír na nÓg.

Ac wrth groesi'r milltiroedd, a'r hen sir
    yn nesáu o'r niwloedd,
    a minnau'n drist, mynd yr oedd
    i sir yr hen amseroedd.

Dychwel i fro'r chwareli, bro afiach,
    beryclach yr Oakley,
    ond bro'i werthoedd ydoedd hi,
    goludog trwy galedi.

A thrown innau, yn euog, o'n teyrnas,
    yn was heb dywysog;
    troi a wnawn o'm Tír na nÓg
    i fyd hŷn, i Fotwnnog.

Ysgol yn creu oedolyn ac yntau
    gynnau yn fachgennyn;
    Botwnnog yn troi'r hogyn,
    ddosbarth wrth ddosbarth, yn ddyn.

Blodeugerdd Gwlad yr Addewid:

Tan-graig

Tŷ haf oedd y tŷ nesaf at ein tŷ ni,
hyd yn oed yn y cyfnod pell hwnnw yn Llŷn,
yng nghanol y pumdegau, cyn i dai haf
oresgyn Pen Llŷn yn llwyr;
tŷ a berthynai i feddygon cefnog o Lundain
oedd y tŷ hwnnw, tŷ i ŵr a gwraig
a'u hacen gyda'r Seisnicaf
a glywyd erioed.

Tan-graig oedd enw'r lle.
Fy mam a ofalai amdano,
agor y ffenestri bob gwanwyn
i gael gwared â'r tamprwydd,
wrth ysgubo'r gaeafau i ebargofiant;
eisteddwn innau ar y grisiau'n darllen
wrth lanhau'r llyfrau o'u llwch.

Yno y deuent ac yno y treulient yr haf
yn darllen ac yn hamddena,
ac weithiau fe aent ar siwrnai i Abersoch,
a'u cwch ynghlwm wrth eu car,
i dreulio'r prynhawn yn hwylio ar draws y bae
yn eu llong hwyliau, gan hawlio eu lle yng Nghilan,
hawlio'r gornel honno o Lŷn
yn eiddo iddyn nhw'u hunain.

Uchafbwynt yr hafau hynny
oedd noson y canu emynau;
prynai'r hen ddoctor gasgen enfawr o seidar
ar gyfer yr achlysur.
Roedd fy mam yn gantores wych
a hi oedd seren y nosweithiau hynny,
ac uchafbwynt cyson pob noson oedd
yr hen emyn, 'The Old Rugged Cross',
ac rwy'n cofio'r noson olaf i mi
ymuno'n y canu emynau.

Hidlai'r haul drwy'r ffenestri;
dawnsiai'r llwch ym mhelydrau'r haul;
roedd yr hen emynau
yn llenwi'r ystafell honno;
ymguddiwn innau o dan y bwrdd;
yn sŵn tincial y piano fan honno, yn fy helpu fy hun
i'r seidar melyn, arswydus,
arllwys holl afalau'r berllan
i gwpan gwag
i brofi ffrwythlondeb yr hafau
toreithiog, cyfoethog a fu,
hafau'r afalau filoedd,
afalau nwydus hen hafau diflanedig.
Llifai'r afalau eurfelyn o'r gasgen enfawr
nes bod fy nghwpan yn llawn,
a blas wermod ar dafod oedd
blas sur y ddiod bleserus,
chwerwfelys honno.

Erbyn i ni gyrraedd yr emyn hwnnw
am yr hen groes arw
roedd y doctor, yn feddw dwll,
wedi cwympo ar ei liniau
â chodwm y gwir bechadur,
ac roedd y dagrau yn powlio o'i lygaid pŵl
ar hyd ei wyneb.

A honno oedd y ddiod a'm heneiniodd
yn y ddefod o ffarwelio â phlentyndod wrth ddod yn ddyn,
yn y cyfnod pell hwnnw yn Llŷn.

Blodeugerdd Gwlad yr Addewid:

Llanw a Thrai

(Ysgol Botwnnog, Llŷn)

Fel y cefnfor yn torri,
mynd a dod yw'n hanfod ni;
mynd a dod am nad yw dyn
yn fwy na chynnwrf ewyn.
Ni yw trai a llanw'r traeth,
hen lanw yn olyniaeth
helaeth y cenedlaethau,
a'r llanw hwnnw'n parhau
i droi'n glaerwynder ewyn
hyd draethau a llethrau Llŷn.
Ôl trai lle bu'n siwrnai sydd,
ôl llanw nad yw'n llonydd.

Nid yw dyn ond un ennyd;
y mae hon yma o hyd,
yr ysgol barhaol hon
ar donnau amser dynion
fel hen long ar flaen y lan
a'i hangor dani'n hongian:
hen long ym mhorthladd addysg,
wrth angor uwch dyfnfor dysg.

Mae mor hen â memrynau,
yn hen, ond eto'n parhau
pedair canrif o lifiant:
fan hyn, bob blwyddyn, bu plant
Pen Llŷn yn derbyn eu dysg
yn nyddiau cychwyn addysg.
I oroesi, torasant
eu henwau'n blaen, yr hen blant,
yn nesgiau trwm yr ysgol,
flynyddoedd, oesoedd yn ôl.

Y rhain a dorrai'u henwau
yn y pren er mwyn parhau
i fod, ond angof ydynt,
y disgyblion gwirion gynt,
y di-sôn nad oes enwau
iddynt mwy, a hwy'n pellhau
o afael y canrifoedd,
a rhan ŷnt o'r hyn a oedd.

Nid ei chriw'n y dechreuad
yw ei chriw heddiw, parhad
yw ei chriw heddiw o'r rhai
oesol a'i cychwynasai,
a rhan o grefft yr hen griw
yw ei haddysg, a'i heddiw
yn un heddiw diddiwedd,
yn ddoe ar ei newydd wedd,
ac, yn barhaus, hithau sydd
yn crynhoi criw o'r newydd,
a'i chriw eto'n chwarae rhan
yr hen griw yn y graean.

Â'i hafau'n hafau ifanc,
traethau Llŷn oedd trothwy llanc,
ond â'i hafau'n hafau hŷn,
yn dalog, yn oedolyn,
y camodd yn sionc ymaith
â'i ddysg i'w derfysg o daith.

Hi oedd ein craidd, hi ein crud;
ein cyfoeth o ddysg hefyd:
crud uniaith yn creu dynion,
a'u creu trwy ei haddysg gron.
Tynnai ei phlant yn un fflyd
i'w chôl, hyd nes dychwelyd
yn hŷn, bob un ohonynt,
o'i chrud i ddechrau eu hynt.

Aeth pob llanc ar ddifancoll.
Ble'n awr mae'r disgyblion oll,
i ble y ciliodd holl blant
echdoe, ddoe, pam na ddeuant,
paham nad ŷnt yn tramwy
eto'n ôl i'w hysgol hwy?
Ble maent, a'r hen balmentydd
yn gwrando'u heco bob dydd,
gwrando'u camre boreol,
a'r nawn, eu camre yn ôl –
gwrando am sŵn trampio trwm
eilwaith rhag dryllio'r cwlwm?

Ymaith â'r iaith yr aethant,
y rhai a belydrai'n blant
yno gynt: aent ag antur
yn eu gwaed yn oedran gwŷr;
tramwy i'w hantur ymaith
i wasgar dysg ar y daith:
bwydo cof y byd cyfan,
bwydo'r byd a'i bedwar ban
â dysg, dysg hyd onid aeth
y byd yn llawn gwybodaeth.

Yn Llŷn ymestyn ymhell
y mae'r llanw: mae'r llinell
a adewir ar dywod
yn yr hwyr yn cylchu'r rhod.
Er y trai, roedd llanw'r traeth
yn anwylo'r ddynoliaeth,
yn gwahodd eneidiau gwâr
i ysgol gymwynasgar,
a'r ysgol ddyngarol gynt
yn estyn tangnef drostynt.*

A'i sir yn bygwth dirwy,
a Chas-mael heb loches mwy,
ar ffo o Benfro daeth bardd
rhag i rai gwŷr ei wahardd
rhag hybu, lledaenu dysg,
hyrwyddo hedd trwy addysg.
Dihangfa rhag cynddaredd
cyflafan, hafan o hedd
oedd Botwnnog iddo gynt,
neuadd hael yn nydd helynt;
llong ar fôr wrth angor oedd
hwnt i'r Swnt a'r croeswyntoedd.

Fel y cefnfor yn torri,
mynd a dod yw'n hanfod ni.
Gan amser fe'n gwasgerir
fel ewyn ton ar flaen tir:
dynion yn mynd yn un môr
a'u hen ysgol yn esgor
ar genhedlaeth wâr arall,
y naill un yn geni'r llall.

*Roedd llawer o heddychwyr a gwrthwynebwyr cydwybodol ar staff Ysgol
Botwnnog pan aeth Waldo Williams i ddysgu yno ym mis Mawrth 1942.

Yn ein plith, yn hŷn, mae'r plant,
ond rhai sy'n chwarae triwant
â bywyd, cans darfu'u dydd
yn Llŷn, a hwythau'n llonydd.
Nid cyfeillion mohonynt,
gyfeillion y galon gynt,
ond ysbrydion aflonydd,
atgofion y galon gudd.
Aeth rhai o'r hen athrawon
i'r un cerrynt, dilyn ton
y llanw nad yw'n llonydd
am ennyd awr, am un dydd.

Mae sŵn desgiau'n cau'n y cof,
a chaniad hen gloch ynof,
a sŵn parablus uniaith
yr hen dorf ar yr un daith
foreol i'w hysgol hwy'n
weledig anweladwy.
Yn dawel y dychwelant,
yn ôl i'r ysgol yr ânt,
ysgol doe'n disgwyl eu dod
eto i'r cylch annatod,
a'i chloch ddidangnef hefyd
yn gloch sy'n galw o hyd.

Llyfr Lòg: Cofnod 11

Neithiwr, yng ngolau'r lleuad,
gwelais long yn hwylio heibio,
a'i mastiau yn ymestyn
at y lleuad ei hun oddi ar wyneb tywyll y dŵr.

Gwaeddais arni, i ogwyddo ei siwrnai
tuag ataf, a chwifiais fy mreichiau hefyd
yn wallgof, ond ni chlywodd mohonof, a hwyliodd ymhell
nes iddi gilio o'r golwg.

Nid oedd dim rhwng y môr a'r gorwel
ond meithder, gwacter a gwynt,
ond roedd eurgylch, disgleirgylch o loergan,
uwchlaw tawelwch y lan.

Blodeugerdd Gwlad yr Addewid:

Ymweld ag Iwerddon

Y môr a'n tynnodd yno.

Honno oedd ein hantur gyntaf,
ymhell o'n cynefin yn Llŷn;
pedwar ohonom yn croesi
o Gaergybi i Dhún Laoghaire liw hwyr,
a'r llong, wrth lithro ymaith,
fel crud yn symud yn swae
tonnau'r môr oddi tanom.

Gwawriai wrth inni gyrraedd,
y wawrddydd yn Iwerddon.

Mil naw chwe deg a chwech;
honno oedd blwyddyn dathlu hanner canmlwyddiant
Gwrthryfel y Pasg yn Iwerddon,
hanner can mlynedd cyn hynny
yn union, a thair blynedd
ar ôl yr helynt ar safle cronfa Tryweryn,
a thair blynedd cyn rhwysg yr Arwisgo.

A'r môr a'm tynnodd yno
yn ddeunaw oed, fy nhynnu at Iwerddon Yeats,
Iwerddon Pearse a Connolly,
a gwrthryfelwyr y Pasg.

Treulio cyfran o'r wythnos
yn rhodio'r strydoedd yn Nulyn
gan chwilio mewn siopau llyfrau am lyfrau ail-law
am hanes y gwrthryfel hwnnw
a barddoniaeth Yeats.

Rai wythnosau cyn inni gyrraedd
chwythwyd Piler Nelson yn Stryd O'Connell
yn chwilfriw mân, ac fe welsom y pentwr o rwbel
wrth droed y golofn –
rwbel ymerodraeth reibus.

Cyrraedd y Swyddfa Bost, a gweld
ôl bwled ar aml i biler,
y graith arw o fwled lle bu'r gwrthryfelwyr
yn herio ymerodraeth drahaus;
rhodio'r strydoedd eto,
a chyrraedd man eu carcharu:
Kilmainham, a'r colomennod
ym chwilio am friwsion bara rhwng traed yr ymwelwyr;
carchar Kilmainham
lle y cadwyd y gwrthryfelwyr cyn eu dienyddio
am feiddio herio holl
rym yr ymerodraeth.

Gwelsom yr iard lle saethwyd yr arweinwyr,
iard eu merthyrdod;
gwelsom grys James Connolly
a gedwid mewn cas gwydyr,
y crys hwnnw
a wisgai pan drawyd ei ysgwydd
gan un o fwledi milwyr yr ymerodraeth,
cyn i'r milwyr hynny ei dargedu ar gadair,
ei saethu ar ei eistedd
gan ei fod yn rhy wantan i sefyll,
i'w gosbi am ei wrhydri gan ymerodraeth
rodresgar; o daro'i ysgwydd,
yr oedd yr ysgwydd glwyfedig honno yn cynnal
pwysau cenedl, a'r Pasg hwnnw
yn wyrddach yn Iwerddon
nag yn un man.

Gwelsom yr union fan lle crëwyd,
ar fuarth oer y carchar, ferthyron
i hyrwyddo rhyddid
Iwerddon, yr Iwerddon y gwaharddwyd
iddi hi siarad ei hiaith
ei hun gan lywodraeth estron,
a gwyrdd oedd toriad gwawrddydd
Iwerddon, y Pasg hwnnw.

Dychwelyd, a Chilan
yn dechrau gwagio o ymwelwyr haf,
fel Llŷn i gyd;
dychwelyd ar ddiwedd Awst
i dywysogaeth gaeth o weriniaeth rydd
y Gwyddyl, at ein Seisnigeiddio
di-feind dan bwysau Prydeindod;
dychwelyd i ganol y Cymry
taeog a baratoai
ar gyfer arwisgo tywysog anghyfiaith
i ddathlu'r goncwest estron
arnom ni.

Llyfr Lòg: Cofnod 12

Hwyliais yn falch fy nghalon o Gilan
    i goleg breuddwydion
    llanc ifanc, ac roedd afon
    a môr ym Mangor, a Môn.

O'i Lŷn, câi'r llanc o lenor sglein addysg
    lenyddol ym Mangor:
    i gyrraedd dysg yr oedd dôr
    golegol ar gilagor.

Blodeugerdd Gwlad yr Addewid:

Marwolaeth Geoffrey Hill

(Mehefin 2016)

Yn un ar hugain oed,
pan oeddwn yn fyfyriwr ym Mangor
a beirdd a barddoniaeth yn meddiannu fy myd,
prynais flodeugerdd o gerddi cyfoes,
ac ar y pryd,
yr oedd ei beirdd yn feirdd byw,
er bod pob un o'r beirdd
yn hŷn o lawer na mi.

Ddwy flynedd cyn i mi gyrraedd oed yr addewid
wrth imi fynd ati un dydd
i aildrefnu fy llyfrgell,
a glanhau'r llyfrau o'r llwch
a oedd wedi ymgasglu'n haen ar ôl haen arnyn nhw,
cydiais mewn llyfr na ddarllenais mohono
ers blynyddoedd lawer,
y llyfr a brynais ac a ddarllenais yn llanc
ym Mangor gynt.

Darllenais y flodeugerdd eto,
ac erbyn i mi ei hailddarllen
yr oedd pob un o'r beirdd, pawb oll,
pob un ac eithrio un ohonyn nhw,
wedi ein gadael.

Auden oedd yr un i ymadael
gyntaf, yr hynaf o'r holl
feirdd a gynhwyswyd ynddi.
Bu farw'n fuan ar ôl imi brynu'r flodeugerdd.
Dilynodd eraill, fesul un:
Larkin, y bardd ofnus hwnnw
a welai farwolaeth yn dod ato'n nes bob dydd,
a Ted Hughes, y bardd a ddeallodd, yn anad neb,
greulondeb gylfin yr hebog,
a gwanc ei grafanc a'i grym.

Aeth y cancr â'r ddau i'w marwolaeth cyn cyrraedd oed
yr addewid.

Aeth Heaney ar drothwy henaint,
ac R.S., a oedd wedi goroesi
y rhan fwyaf o'r rhain,
a'r un a fyfyriai ar henaint,
ac ar adar a daear a Duw.
Dilynodd Causley, y bardd modern o Gernyw,
a Donald Davie, ac Abse a Gunn,
fel nad oedd ond un
o feirdd y flodeugerdd yn fyw.

Y bardd hwnnw oedd Geoffrey Hill,
y bardd a ddarganfu mai Cymro
oedd un o'i hynafiaid, ac a fu, o'r herwydd,
yn fforio tir ei ddeffroad hwyrol;
a pharhad oedd Geoffrey Hill
o gymhlethdod barddoniaeth fodern
yr ugeinfed ganrif.

Ac yna, a minnau ar ganol
ailddarllen y flodeugerdd honno,
gan ailbrofi'r ias a fu'n rhedeg ar hyd
meingefn y myfyriwr ym Mangor,
lai na dwy flynedd cyn cyrraedd oed yr addewid,
bu farw Geoffrey Hill.

Fel y ddôr tuag at Aberhenfelen
agorodd drws y flodeugerdd drist,
y drws a fu, o glawr i glawr, ar glo
am flynyddoedd lawer, hyd nes i mi
agor yr hen flodeugerdd
a oedd mor newydd unwaith;
ac ni all neb fyth ddychmygu na dirnad
pa mor anodd oedd hi i mi,
wrth ailddarllen y flodeugerdd honno,
ffarwelio â Geoffrey Hill.

Llyfr Lòg: Cofnod 13

Lle bu sawl ffrind, mae prinder ohonynt,
    ac mae'r rhain, drwy'r amser,
  yn lleihau lle bu llawer,
  lleihau fel y gannwyll wêr.

Blodeugerdd Gwlad yr Addewid:

Marwnad Gwynn ap Gwilym

I

Ciliodd ein dyddiau coleg,
dyfod a darfod yn deg
o ddyddiau dechrau ein dysg
hyd ddyddiau diwedd addysg.
Daethant ac aethant i gyd;
diflannu, do, fel ennyd;
daethost ac aethost tithau,
daethom ond aethom ein dau,
fel oriau a dyddiau'n dysg,
dyddiau rhyfeddod addysg;
hwythau, ein holl ddarlithwyr,
daethant ac aethant, y gwŷr
a'n tywysai at oesoedd
o lên, at awen a oedd
mor hen â Chymru'i hunan,
a'i chof cyn hyned â'i chân.
Nid oes ennyd o synnwyr,
a thithau'n pellhau yn llwyr,
pellhau fel dyddiau ein dysg,
blynyddoedd cwblhau'n haddysg.

Mae'r Angau'n lladd pob addysg,
gwna benglog dyllog o'n dysg;
gwagio'r pen o'r ymennydd,
breuddwydion o'r galon gudd;
gwagio'r geg o'i geiriau i gyd,
geiriau'n ein genau'n gynnud.

II

Ym Mangor, agor yr oedd
y drws ar geinder oesoedd:
drws araf ar drysorau
yn lled agored; ar gau
i ni'n dau mwyach nid oedd
y drws ar falchder oesoedd.
Âi pob darlith ledrithiol
â dau i'r cynoesau'n ôl:
canfod â gwefr y Cynfeirdd,
anadl ein bod, awdlau'n beirdd.
Y coleg oedd ein Rheged,
a'r ddôr o'i chilagor, led
y pen at lys Urien oedd
yn tywys y minteioedd,
a gwahodd dau gyfaill gynt,
nad rhith oedd Catráeth iddynt.
Ni oedd aelwyd Cynddylan,
aelwyd hollt heb olau tân;
aelwyd wag fel blodeugerdd
na fynnai'n cof yn ein cerdd.
Ni oedd Heledd a'i haelwyd,
heb win na channwyll na bwyd,
Heledd, heb fodd cynhaliaeth,
i'w thynged galed yn gaeth,
a'r gwynt yn ubain drwy'r gwern
a Bangor inni'n Bengwern;
Bangor, lle bu i Hengerdd
Taliesin gynt leisio'n gerdd
ynom ni; miniogi'n hiaith,
a'n cân ifanc yn afiaith.

Dyddiau diddarfod oeddynt
a chog Abercuog gynt
yng nghanol y canghennau
a ganai'n deg i ni'n dau.

Gwyllt oeddem mewn gwell dyddiau:
traethem, cydyfem ein dau;
deufardd ym miri'r dafarn
wrth y bwrdd yn traethu barn,
ond trôi pob cweryl o'r trwch
yn gweryl cyfeillgarwch;
ffraeo'n daer, ffrindiau eirias,
trugarog gynt, er gair cas;
dau gyfaill a'u digofaint
yn cilio wrth brisio'u braint.
Ofera yn fyfyrwyr,
sobreiddio i weithio'n wŷr,
a rhoi'n dysg a'n haddysg ni
i'n hiaith, er mwyn ei choethi,
neu felly, yn gyfeillion
taer a thriw trwy'r iaith wâr hon,
y maentumiem, a'n tymor
ar drai, fel Menai i'r môr
yn llifo, darfod o'n dydd,
ac, yn goleg i'n gilydd,
parhau'n dysg a'n haddysg ni'n
dragwyddol drwy gyhoeddi.

III

Llenni ar ffenestri'r nos
am y wawr yn ymaros
i ni oedd dyddiau'n haddysg,
a'r gwawrio yn deffro'n dysg,
a'n gwawr oedd ein gwareiddiad,
y trafod dwfn ein tref-tad,
ninnau'n dau'n dadlau'n ein dysg
nad oedd un nod i addysg
ac eithrio hyrwyddo'r iaith,
rhannu ein dysg â'r heniaith;
hybu, cenhadu o hyd,
asio cof â'n dysg hefyd,
a gwlad o ysgol i ŵyl
am ein dysg mwy yn disgwyl.

Ni fynnent ein talentau,
gwaradwyddent dalent dau.
Digient uwch ein blodeugerdd,
difrïo a gwawdio'r gerdd
ac aeth lledrith darlithiau'n
ddadrith o ddarlith i ddau,
dadrith dau a draethai'u dysg
mor rhwydd ym more'u haddysg
yn llwyr, a chenedl ein llên
yn genedl lawn o gynnen.
Diawliaf feirdd fy nghenedl fach.
I mi, heb freuddwyd mwyach,
nid oes i wlad ond adwy
yn agor ym Mangor mwy.

IV

Nid oedd difäwr pob dysg
yn haeddu un mor hyddysg
â thi i'w gorfflosgi'n fflam
yn y tân; d'enaid dinam
yn fflam; anghaffael imi
llosgi'n danbaid d'enaid di.
Fy nghorff brau innau, pan af,
i bridd a baw a roddaf,
a'i roi i'r ddaear, o raid,
yn grwn, rhag llosgi'r enaid.
Ni chaiff y fflam a'i hamarch
losgi, difodi fy arch:
fy nghorff pan af i orffwys
i orweddfa'r ddaear ddwys
a rof yn ddiwarafun –
ni rof mohonof fy hun
i Lŷn nac i unrhyw le
ond daear Abertawe,
i orwedd mewn bedd ar bwys
fy mhriodferch, fy mharadwys,
yr un a gerais erioed
â'm hangerdd o'm hieuengoed.
Ar ei phwys y gorffwysaf;
ar ei phwys gorffwys a gaf:
dau gariad mewn clymiad clòs,
deugorff mewn coflaid agos.

Mor ffôl oedd mynnu mai'r fflam
a gâi dy enaid dinam;
mae'r fflam mor ynfyd wamal,
ond nid yw'r pridd mor ddi-ddal.
Gan lwch, heb i'th lwch leihau,
wyf fyngus; yng nghrafangau
y tân hwn nid wyt yn neb;
dy ddysg lwyr, dy ddisgleirdeb
yn ddim oll ond gorchudd mwg
o gynnau ym Morgannwg
dy holl bersonoliaeth di;
esgyrn, fel dysg, yn llosgi.

Lle bu cyfeillachu, llwch
a gwêr yw'n cyfeillgarwch;
llond wrn yw'n gallu a'n dysg,
haen o huddygl yw'n haddysg,
a gwnaeth y fflam helaeth hon
barddu od o'n breuddwydion,
a dysg a gobeithion dau
oll yn dawch uwch Llandochau.

Ac eto, er pob gwatwar,
yn dy lwch mae cenedl wâr,
ninnau ein dau'n un â'i dysg,
o roddi'n ôl yr addysg
honno a gawsom unwaith
i nerthu, ehangu'n hiaith:
ni'n dau yn llyfrau a llên,
ni'n dau â'n llond o awen,
a'n hawen yn barhaol
i'r rhai sydd eto ar ôl
yn mawrhau llyfrau a llên,
yn mawrhau grym yr awen.

Ti, nid wyt; awen nid oes
gan dân, o gynnau d'einioes;
eto rhan wyt o'r hen iaith,
rhan o yfory'r heniaith.
Ailesgor yw'r corfflosgi,
nid yw'n dân dy awen di,
tithau, fel dyddiau ein dysg,
heddiw'n cyfannu'n haddysg,
uno â'r cylch eto'n ôl,
uno'n y cylch chwedlonol
â Geraint, Pwyll ac Arawn,
Culhwch a Lleu, y cylch llawn.
Gadewi di dy awen
i'th wlad, a'th gyfoeth o lên.

Llyfr Lòg: Cofnod 14

Hwyliais, a'r môr yn chwalu ôl fy nhaith
filwaith wrth drafaelu
o Lŷn i Benllyn, lle bu
i ddwy flynedd ddiflannu.

Blodeugerdd Gwlad yr Addewid:

Penllyn

Nid oedd yno fôr ond roedd yno ddau lyn,
dau lyn yn ymestyn ymhell
at orwel y tirwedd
ym Mhenllyn, dau lyn chwedlonol:
Llyn Tegid a'r llyn taeogaidd.

Adlewyrchai'r naill lyn
yn ei ddŵr oer lechweddau'r Aran:
creigiau a llechweddau a choed
yn un darlun yn nrych y dŵr,
a'r llyn a'r tirlun ym Mhenllyn yn undod ym mhair
hudol Ceridwen.

Llyn Tegid, llyn Ceridwen,
llyn Ceridwen, llyn y creu;
ein crud oedd llyn Ceridwen,
crud ein llên a'n hawen ni,
y pair a ddarparai'r geiriau
ar gyfer trawsffurfiad y gerdd.
Hwn oedd y llyn lle bu
Gwion Bach yn sugno bys
ac arno'r diferion hud,
a'r ddau yn newid eu ffurffiau, wrth i Gwion ffoi
rhag llid Ceridwen:
ysgyfarnog a helgi,
pysgodyn a dyfrgi,
aderyn a hebog, y gronyn a'r iâr,
a Cheridwen yn geni o'i chroth
y bardd Taliesin.

Yn nŵr y llyn arall
a'i ddyfroedd crych, nid oedd yr un drych:
llyn dŵr ond dŵr annaturiol
a adlewyrchai anallu cenedl i warchod
ei hawliau a'i phobl a'i ffin.

Ac yng nghanol y llyn annaturiol, roedd tŵr,
tŵr y gwyliwr esgeulus,
y gwyliwr meddw na ragwelai'r modd
y boddid y cwm, na rhybuddio'r
trigolion o'r tŵr gwylio
fod y dyfroedd yn dod;
tŵr y gwyliwr uwch Cantre'r Gwaelod,
tŵr y Seithenyn feddw.

Na, nid oedd môr ym Mhenllyn, ond roedd yno ddau lyn,
dau lyn chwedlonol,
llyn Ceridwen a llyn Seithenyn:
y naill lyn yn perthyn i'n pobl,
yn llyn dechreuad ein llinach,
ond llyn i estroniaid y llall.

Dau lyn – un llyn yn ein lladd,
un llyn o'r ddau lyn yn ddileu,
a'r llyn arall yn eiriau,
Llyn Tegid, llyn awen Ceridwen, a llyn y creu.

Blodeugerdd Gwlad yr Addewid:

Abertawe

Ti, Abertawe,
yn ddistaw iawn y cyrhaeddais di,
sleifio'n ddisylw hefyd
i ganol dy drigolion;
dod heb adnabod neb
un haf o wres eithafol,
haf chwedlonol mil naw saith deg a chwech;
dod i droedio dy strydoedd
anhysbys yn haf crasboeth
y flwyddyn honno o hinon;
dod atat ti un dydd
meddw o haf yn blentyn amddifad,
a dod yn fy alltudiaeth
i chwilio am hunaniaeth yn ninas
ôl-ddiwydiannol y De.

Ti, Abertawe,
taeog wyt ti, Abertawe.
Â'm mamiaith y deuthum yma
o Lŷn, o Benllyn y beirdd;
nid hawdd oedd maddau i ti
am ollwng dy Gymraeg dros gof,
ac eto, nid arnat ti'r oedd y bai:
ti oedd dinas y ddiwydiannaeth
amlieithog, a'r gweithfeydd yn cymhlethu
dy holl bersonoliaeth di,
ac eto nid un o ddibenion
dy ddociau di oedd cadw iaith:
er hyn mae'r iaith i'w chlywed
bob dydd ar hyd dy heolydd amlhiliol,
hyd yn oed yn awr;
iaith firain, bersain Tre-boeth,
tafodiaith urddasol Cwm Tawe,
ac mae Ysgol Lôn Las ac Ysgol Bryn-y-môr
yn diogelu yfory fy wyres.

Ti, Abertawe,
mynnaist fy mod yn aros,
mynnu fy mod yn dod i'th adnabod yn well,
a chwrddais â'r ferch harddaf
a welais erioed; ti a'i rhoddaist imi
i sicrhau y byddwn yn aros,
ac ni allwn,
a'r haf hwnnw'n dwymyn, fynd ymaith.

Rhoddaist imi un o'th ferched harddaf
yn rhodd yn ystod yr haf
tanbaid hwnnw; Botwnnog,
Bangor a Phenllyn, diflannodd y rhain
yn nharth haf dy draethau hir.
'Cymer hon,' meddit, 'Cymraes
yw hon, rhag iti honni
imi ollwng y Gymraeg dros gof.'
Hi oedd y rhodd orau un,
a rhoddodd hithau i mi, yn ei thro,
ddeufab o'i dioddefaint,
y ddwy rodd orau erioed
ar wahân iddi hi ei hun;
ie, ti, ti, Abertawe,
a roddodd y rhain i mi
wedi imi ddod yma
yn hindda un haf ddeugain mlynedd yn ôl,
ac yma yr arhosais.

Blodeugerdd Gwlad yr Addewid:
Y Plentyn Coll

Weithiau, yn oriau'r hwyr, fe fyddi di'n dod
   i mewn i'm myfyrdod, ac yn hawlio fy holl feddyliau;
cyn dod, fe'n gadewaist; cyn bod, fe beidiaist â bod,
   gan fy ngadael yn fy ngalar ffôl i frwydro â phyliau

o hiraeth am na chlywais dy lais na theimlo dy law;
   ni ddarllenais yr un stori nos da cyn i ti noswylio;
ni chefais liniaru dy bryder na lleddfu'r un braw;
   fel llong yn boddi'n yr heli cyn dechrau hwylio

yr aethost ac y daethost ti. Nid oedd dim yn iawn;
   a thithau wedi darfod cyn dod, roeddwn i yn dy adael
ar wahân i'r pedwar ohonom. Nid oedd dim yn llawn.
   Roedd un ar ddisberod, a theimlwn fy mod, wrth ymadael

â man a lle, yn dy adael yn rhywle ar ôl,
dy adael yn dragywydd ar goll, yn fy ngalar ffôl.

Blodeugerdd Gwlad yr Addewid:

Y Pasg Stormus

Rwy'n cofio'r Pasg hwnnw o hyd.
Cododd y gwynt yn gynnar,
cododd a chynyddodd ei nerth,
ac aeth yn waeth, yn storm wyllt,
fel yr âi'r dydd rhagddo:
andros o wynt drwy Felindre
yn hyrddio'i ffordd,
gan fygwth codi'r coed o'r ddaear,
a phob coeden yn tuchan, yn griddfan wrth gydio'n ei gwraidd,
rhag cael ei chodi.

Straeniai'n holl ffenestri ni
i gadw'r storm allan o'r tŷ,
gwyrai'r to, gwaethygai'r tywydd,
pwniai a phwniai bob paen a ffenest;
roedd y rhyferthwy
bron â bod yn ormod, a'i nerth
yn drais ar ein drysau;
ac rwy'n cofio meddwl:
diolch fod y fath dywydd
yn ein cadw yn y tŷ:
roedd y gwynt yn gwallgofi, yn troelli
fel na allem fentro allan,
ac rwy'n cofio meddwl,
gobeithio y bydd
i'r storm hon bara am byth
i'n cadw yn y tŷ am byth
a hyrddio amser ar ddisberod:
dyheu am i'r dydd
stormus ar baen lesteirio amser i bawb
ohonom yn y tŷ hwnnw;

a thywydd yn ein caethiwo
yno, gobeithio, am byth
fel na allai un dim
wasgaru'r teulu'n y tŷ,
ac rwy'n cofio meddwl,
mor rhyfeddol
o drugarog oedd holl rym distrywgar y gwynt;
ond wedyn fe aeth popeth,
pob drws a dist, yn ddistaw,
yn ddistaw iawn.

Ciliodd y storm.

Blodeugerdd Gwlad yr Addewid:

Y Llun

(ar faes un o Eisteddfodau Cenedlaethol y 1980au cynnar)

Maes yr Ŵyl. Amser ei hun a'n rhewodd;
    parhaol yw'r darlun:
  ein rhewi wedi i rywun
  ein llwyr gaethiwo'n y llun.

Un dienw a dynnodd y llun hwn
    na all neb ei ddiffodd
  o haul yr Awst a'u hoeliodd
  am byth fan yma o'u bodd.

Yn y llun, ac yntau'n llanc, y rhwydwyd
    y Peredur ifanc
  a minnau: dau yn dianc
  ar dro rhag amser a'i dranc.

Yn y llun mae llawenydd, a Donald,
    lond ennyd, yn llonydd
  ar gae rhyw ŵyl dragywydd,
  ar ennyd awr o'r un dydd.

Yn y llun o'r un ennyd y daliwyd
    Elwyn mor ddisymud;
  ifanc yw yntau hefyd,
  ifanc, mor ifanc, o hyd.

Ieuan Wyn, yr un a wnaeth y Gymraeg
    ym mro ei fagwraeth
  yn greiddiol i'w fodolaeth,
  mewn gŵyl fan yma yn gaeth.

Gwynfor ab Ifor hefyd o'r un fro,
    yn frawd o'r un ysbryd
  yng nghadarnle bro'u mebyd,
  o'r un fro ac o'r un fryd.

Y mae cyffro'r deffroad yn llenwi'r
    holl lun am un eiliad:
  y mae'n Awst yma'n wastad,
  wynebau'r rhain yn barhad.

Fferru holl Gymru mewn gŵyl; fferru'r haf,
    a pharhau'r un egwyl;
  fferru'r holl gyffro a'r hwyl,
  fferru afiaith ei phrifwyl.

Nos a dydd, un Awst iddynt yw'r Awst hwn;
    mor stond yma ydynt,
  a chanai'r chwech ohonynt
  gywyddau ac awdlau gynt.

Pa ŵyl oedd? Mae pob blwyddyn wahanol
    yn un; ofer gofyn
  pa ŵyl â'r cof yn pylu'n
  ddyddiol barhaol yn hŷn.

Dyddiau'r breuddwydio oeddynt, dyddiau da
    nad oedd diwedd iddynt
  ar faes gŵyl gynhyrfus gynt,
  a ninnau'n rhan ohonynt.

Dyddiau â'u boreau'n braf, a hinon
    eu prynhawniau araf
  yn parhau drwy bob rhyw haf,
  parhau drwy bob rhyw aeaf.

Dyddiau heb garlam amser; arafodd
    un brifwyl gyflymder
  dyddiau a nosweithiau'r sêr,
  arafu'r rhuthro ofer.

Y beirdd ym mhabell Barddas yn glwstwr,
    a Gŵyl Awst o'u cwmpas;
  yr haul lond yr awyr las
  a hwythau'n un gymdeithas.

Tynnai pawb at ein pabell agored
    a geiriau'n eu cymell,
  a phawb, o agos a phell,
  yno yn trin pob llinell.

Athrofa trin a thrafod oedd yr Ŵyl,
    ddyddiau'r haf diddarfod:
  cyrddau difyr Cerdd Dafod
  a'n tynnai ni at ein nod.

Cwmni ifanc mewn afiaith a haf aur
    eu hyfory'n berffaith:
  i'r rhain, rhag difa'r heniaith,
  chwyldro oedd machlud yr iaith.

Ond mae un nad ydyw mwy; un nad yw
    yn dod, trwy ryw fympwy,
  yma i'w plith ar dramwy;
  chwech oeddynt; pump ydynt hwy.

Ac yn y llun yn unig y mae'r chwech;
    er mor chwim yw'r orig,
  herio y maent, chwarae mig
  â'r heliwr brwnt, cythreulig.

Hyrwyddwyr chwyldro oeddynt; chwe phrifardd
    na chyffrôf mohonynt
  i greu angerdd y gerdd gynt:
  hŷn yw pob un ohonynt.

Aeth rhywbeth dieithr heibio; aeth yr hwyl,
    aeth y rhin a'r cyffro
  o'r Ŵyl hyd nes ffarwelio
  â'r Ŵyl â'i pherwyl ar ffo.

Nid diwylliant gwlad holliach a leinw'r
    Babell Lên amgenach:
  mor wag yw'r babell bellach,
  a llai fyth yw'r babell fach.

Pabell fach yn crebachu, hithau'r iaith
    yn ei thro'n clafychu;
  a phell yw'r babell lle bu
  ein hiaith yn ein huniaethu.

Mor ddiddan, fy meirdd, oeddynt, ond heddiw
    nid diddan mohonynt;
  mor ddig wyf am fy meirdd gynt;
  di-nod eu hawen ydynt.

Mae'r Gymraeg, mwy, ar wegian, a ninnau
    heb hunaniaeth gyfan;
  â'n diwylliant yn wantan
  y mae'r iaith yr un mor wan.

Mae'n llai y cwmni llawen; y mae'r haf,
    mae'r hwyl wedi gorffen;
  llai sydd ym mhabell awen,
  a llai yn y Babell Lên.

Gŵyl ddi-hwyl, gŵyl ddigalon ydyw'r ŵyl;
    aeth ar drai'n gobeithion:
  maluriwyd ein breuddwydion
  mor rhwydd gan y Gymru hon.

Troi'n sefydliad genhadaeth a wnaeth hi
    i noddi'n llenyddiaeth:
    i rai y mynnai roi maeth,
    a pha wefr sydd mewn ffafriaeth?

Aeth Awst braf y cyd-drafod yn ust llwyr,
    yn Awst llawn mudandod:
    Gŵyl Awst ein hesgeulustod:
    Awst i'r beirdd oedd ystyr bod.

Ond mae'r llun o'r un ennyd yn parhau
    fel prawf o'r hen ddelfryd,
    a chofiaf y chwech hefyd,
    fel haf un Brifwyl, o hyd.

Llyfr Lòg: Cofnod 15

Mae'r dyddiau mewn calendrau wedi eu cloi,
y dyddiau sydd i ddod, heb eu rhyddhau;
mae'r oriau yn y clociau wedi eu cloi.

Mae'r dyddiau ac mae'r oriau, cyn eu rhoi,
heb gystudd, heb ystormydd, na thristáu.
Mae'r dyddiau mewn calendrau wedi eu cloi.

Ni all na her na phryder eu cyffroi;
mae amser yn ei gell, a'r gell ar gau;
mae'r oriau yn y clociau wedi eu cloi.

Amser yw'r un na ellir ei osgoi:
rhyddheir y dyddiau fesul un a dau;
rhyddheir yr oriau hwythau, rhag crynhoi.

Mae'r dyddiau fel ceffylau ffair yn ffoi,
yn ffoi heb fynd o'r unman, gogor-droi,
y dyddiau'r oedd calendrau wedi eu cloi,
yr oriau'r oedd y clociau wedi eu cloi.

Blodeugerdd Gwlad yr Addewid:

Eglwysi

Mae'n anodd gwrthod y gwahoddiad
i fynd i mewn i'w cynteddau,
er nad oes gwahoddiad o ddifri.
Â'u hen ddrysau o dderw oesol
wedi eu cau'n dynn yn ein herbyn ni,
gwaharddiad yn fwy na gwahoddiad
sydd i'r eglwysi hyn;
ond eto mae yna dynfa,
tynfa oddi yma at Dduw,
tynfa oddi yma at wynfyd
nad yw, efallai, yn bod.

Eglwysi dinesig, hen eglwysi cefn gwlad,
rhai yn eglwysi syml, bychain,
ac eraill yn orgywrain,
fel Eglwys y Sagrada Familia
lle'r oedd y pensaer yn daer am gyrraedd Duw:
y tyrau uchel yn codi i'r entrychion,
eglwys yn treiddio i'r gwagle
ond heb gyrraedd Duw
o achos i dram yng nghanol aflonyddwch y stryd
ladd y pensaer a'i luddias
rhag gorffen y gwaith.

A hen eglwysi gwledig
fel Eglwys Talbenny yn Sir Benfro,
eglwysi a esgeuluswyd
gan amser a dyn,
eglwysi â'u ffenestri'n wastraff
o liwiau, ond eto'n goleuo'n glir
y ffordd ar grastir ein ffydd.

Ac Eglwys Gadeiriol Tyddewi,
mam eglwysi ein gwlad;
mae miwsig un Nadolig yn dal
i atseinio'n fy nghof,
miwsig Nadolig un delyn
yn dal i seinio ac adleisio ynof,
adleisio ynof yn ysbrydol ei seiniau,
eco llawn cyffro'n y cof.

Ac mae gan bob un
o'r eglwysi eu harogl oesol
eu hunain, a phob sawr yn wahanol,
sawr o bellter amseroedd
yn drwm ar leithder y muriau,
arogl tamprwydd ar dŷ sancteiddrwydd Duw,
arogl pêr y thuserau;
a sawr cwyr a phabwyr y ffydd;
ac mae gan bob un o'r eglwysi
eu harogl a chyfoeth eu hawyrgylch hefyd,
awyrgylch dwys sydd yn llawn o ddirgelwch Duw.

Unwaith yr eir i mewn,
taer eu gwahoddiad i'r byd tragwyddol
yw'r eglwysi hyn,
ond i dwristiaid sydd ar hast yn wastad
i gyrraedd yr atyniad nesaf
mae amser yn rhy brin o lawer i'w wastraffu ar leoedd
dibwys, fel eglwysi.

Blodeugerdd Gwlad yr Addewid:
Cyngerdd yng Nghadeirlan Tyddewi

(Rhagfyr 1988)

Rhagfyr, a'r sêr disgleirlan
    uwchlaw Cadeirlan Duw,
a'r canu gorfoleddus
    yn dangnefeddus fyw,
a rhwng y muriau yr oedd Mair
yn esgor eto ar y Gair.

Canhwyllau'n llachar olau,
    carolau geni Crist
hyd at bob trawst yn atsain,
    yn datsain at bob dist,
a'r nodau'n esgyn at y nef
i ddathlu Ei ogoniant Ef.

A Christ yn ffrydio yno'n
    ffynnon rasusol, ffoi
rhag bywyd a'i ofalon
    i'w galon, gan osgoi
treialon a helbulon byd,
a wnaethom oll wrth ddod ynghyd.

Am ennyd cawsom yno,
    yn fintai gryno, Grist;
heb gyffwrdd dim â chreiriau'r
    esgeiriau yn y gist,
bu yno, yn ysbrydol fyw,
aileni dyn yng nghalon Duw.

Ac yno y gadawsom
    y byd a gawsom gynt
er inni gael am eiliad
    gynheiliad ar ein hynt,
a ffoi o'n crastir at ffynnon Crist
rhag byd distrywgar, treisgar, trist.

Blodeugerdd Gwlad yr Addewid:

Haworth

Nid oedd yno fôr,
ond roedd yno ddyfroedd, holl ddyfroedd byrlymus Swydd Efrog
yn llifo drwy'r lle;
llifai nentydd i fewn i afonydd fel bysedd i fenig,
llifent drwy bobman yn llafar,
byrlymu a pharablu'n ffraeth
drwy'r pentrefi cerrig cudd.

Esgyn y rhiw diddiwedd;
cyrraedd y pentref cerrig
ar y copa; siopa yn sŵn
yr holl ymwelwyr cyn cael mymryn o ginio
yn y dafarn lle bu Bramwell y brawd
yn ei yfed ei hun i farwolaeth.

Yr oedd llond y Persondy
o ymwelwyr pan aethom yno;
crwydro drwy'r ystafelloedd
lle bu'r chwiorydd yn chwarae
ac yn creu eu straeon
Gothig eu gweledigaethau.

Aethom o blith
y twristiaid at y rhostir
yn ymyl Haworth,
ac yno y buom yn crwydro am oriau,
yn crwydro'r rhostir moel lle nad oedd ymwelwyr
eraill; cerdded am oriau,
a chroesi'r bont lle bu Emily Brontë
ei hun yn ei chroesi unwaith
wrth chwilio am Wuthering Heights.

Dim ond wythnos a gawsom yno;
aros am wythnos, dim mwy;
prin ddigon o amser
i ddod i adnabod Swydd Efrog yn iawn;
ni chawsom ddigon o amser
i gyfarwyddo â'i phentrefi a'i broydd.
na chynefino â chân ei hafonydd,
er bod rhyw ddyheu'n fy ngorfodi
i ddringo o hyd y rhiw tuag at Wuthering Heights.

Aros am wythnos, dim mwy
na hynny, yng nghanol estroniaid,
ac eto rwy'n teimlo rhyw hiraeth ofnadwy,
hiraeth od, anhraethadwy,
hiraeth mawr am Haworth mwy.

Llyfr Lòg: Cofnod 16

Roedd y môr heddiw ymhell, a'i donnau
 yn dwyn hen amlinell
 i gof, yn y dyddiau gwell,
 a Weymouth yn ein cymell.

Blodeugerdd Gwlad yr Addewid:
Weymouth

Awyr glir a gwyliau haf,
a phedwar ar drên araf
yn mynd ar eu gwyliau:
croesi rhyw deirsir i Dorset,
ar ddechrau'r nawdegau, a dod
i ardal Hardy,
am wyliau i ganol ymwelwyr;
aros am wythnos ar fin y môr
yn Weymouth, Budmouth y bardd.
Aros am wythnos. Dim mwy.

Treulio diwrnod neu ddau
ar dramwy; crwydro Weymouth
i gychwyn, a gwylio'r môr
yn treiglo gro a graean
y traeth gyda'r trai,
y môr yn troi ar ei ochor ar erchwyn y traeth;
a strydoedd Dorchester wedyn
yn cymell ein camau:
Dorchester, Casterbridge y bardd,
a rhaid oedd ymweld â bwthyn Hardy
y tu allan i'r dref,
y bwthyn lle y gobeithiem
weld ysbryd y fam yn gweu wrth y tân
a'r tad yn canu'r ffidil,
ond y mab yn edrych i ffwrdd.

Mae hynny sawl blwyddyn yn ôl erbyn hyn;
mae'r plant yn dadau, a ninnau yn daid ac yn nain,
a gwyn yw ein byd,
ond mi rown i unrhyw beth
am gael croesi rhyw deirsir i Dorset,
a threulio wythnos gron
yn Dorset eto,
        a pheidio ag edrych i ffwrdd.

Blodeugerdd Gwlad yr Addewid:
Cerflun Thomas Hardy yn Dorchester

Yn ddigyffro, ddifalio, fud,
yma, yn eistedd, mae'r un
a fu'n herio amser gyhyd,
yn herio amser ei hun,
â'i lyfr a'i het ar ei glun,
fan hyn hyd ddiwedd y byd.

Â'i fainc yn foncyff, y mae'n
rhythu ar y rhuthro a geir
ar y ffordd aflonydd o'i flaen,
rhuthro cythryblus y ceir
ar y ffordd gerllaw'r un a gofféir
ar y garreg rywiog ei graen.

Creawdwr trist Sergeant Troy
a Bathsheba Everdene
a goffeir ger y ffordd ddiymdroi,
cofféu'r un sydd yn eistedd ar fin
y ffordd fel gwyliwr ar ffin –
cofféu'r un nad yw mwy yn cyffroi

wrth gofio am Emma gynt
uwch y traeth yn marchogaeth, a'r chwa
yn ei gwallt, a'i gwallt yn y gwynt
yn ymdonni, ond pob llun a bellha,
ac nid oes neb o'r hil a barha,
dim ond Tess a'i hanes, a hynt

Michael Henchard ac Angel Clare,
ac eto, y mae Hardy ei hun,
trwy gyfnewid ei gnawd o wêr
am efydd, yn llonydd, a llun
tragywydd o efydd yw'r un
sydd mor fythol oesoesol â'r sêr.

Sefais innau am eiliad fer
o flaen y cerflunwaith mud
o efydd ac o garreg ger
y ffordd sy'n un cyffro o hyd,
lle mae amser, hyd ddiwedd y byd,
yn dilorni Hardy a'i her.

Llyfr Lòg: Cofnod 17

Erioed, yr hiraeth gwaethaf yw hiraeth
    hen ŵr yn ei aeaf
    yn hiraethu i'r eithaf
am oriau, am ddyddiau'i haf.

Blodeugerdd Gwlad yr Addewid:
Broadhaven

Ni wyddem ar y pryd
mai Aberllydan
oedd enw'r lle.

Un enw yn unig
a welid ar yr arwyddbost
ar y ffordd i'r pentref,
a Broadhaven oedd hwnnw.

Dim ond pentref bychan
ar bwys y môr yn Sir Benfro,
pentref cuddiedig yn y rhan Seisnigedig o'r sir:
blodau yn llenwi'r troliau ar y ffordd i'r traeth;
tywod, gwylanod a glaw,
a gwesty o flaen y traeth gwastad,
a'r môr yn cofleidio'r lan.

Pan oedd y plant
yn tyfu, yn Broadhaven
y treuliasom lawer o'n gwyliau teuluol,
treulio sawl wythnos o Awst
yn ymlacio a chrwydro a nofio yn nŵr
y môr am oriau,
a braf oedd hafau Broadhaven
er gwaethaf y tywydd drwg weithiau.

Dringo'r allt
o'r hafan lydan at yr hafan lai
ar yr ochor arall i'r allt.

Dringo'r allt, a rhwng y rhain,
rhwng y ddwy hafan, yr oedd
gwesty Gothig bygythiol yr olwg
ar gopa'r allt,
a dôi rhyw ias o arswyd oer drosom
bob tro yr aem heibio i hwn.

Cyrraedd yr Hafan Fechan
(er nad dyna enw'r lle yn iawn);
cerdded wedyn
ar hyd llwybr yr arfordir
lle bu i lofrudd ychydig flynyddoedd ynghynt
ladd gŵr a gwraig,
ac aeth yr arfordir hwn
yn arswyd i ni, lawer Awst yn ôl
erbyn hyn.

Ac yn Broadhaven y tyfodd
y ddau'n ddynion.

Buom yno sawl tro,
pan oedd y plant yn fychan, ac nid Aberllydan
oedd enw'r lle.

Llyfr Lòg: Cofnod 18

Nid Un Ohonom Sydd ...

Nid un ohonom sydd. O'm rhan fy hun
   y mae o leiaf bedwar fi yn bod.
Nid fi yw'r bachgen hwnnw ym Mhen Llŷn
   sy'n dal i wylio'r tonnau'n mynd a dod.

Nid fi ychwaith yw'r llanc ym Mangor gynt;
   gadewais hwnnw uwch ei lyfr a'i lên
a'i freuddwyd am yfory, cyn i'r gwynt
   chwalu'i ddelfrydau, yntau yn mynd yn hen.

Nid fi ychwaith yw'r gŵr a'r tad a fu
   yn chwarae yn Felindre fore a hwyr
â'i blant, y ddau a'm gwnaethant yn dad-cu
   trwy roddi imi wyres fach ac ŵyr.

Yn daid i'r ddau, cyn dyfod oed yr addewid,
yr oeddwn unwaith eto wedi newid.

Blodeugerdd Gwlad yr Addewid:
Ar Safle Hen Gae'r Fetsh

Cliciadau'r clwydi; ymwasgu i mewn i'r maes;
   cyrraedd, a sŵn y siantio'n agosáu
nes bod y lleisio'n llusgo'n eco llaes
   o gylch y stadiwm cyn i'r clwydi gau;
y cloc yn taro tri a'r clwydi'n cloi
   y dorf i gyd o fewn terfynau'r cae,
a'r dorf yn murmur drwyddi, wrth gyffroi,
   yn murmur fel y môr o gwr y bae.

Y rhain i mi oedd ein Sadyrnau mawr.
   Yma, yn un â'r dyrfa, y bu dau,
yn dad a mab, yn treulio llawer awr.
   Mae'r dyddiau hynny wedi hen bellhau.
Yma y safem ar Sadyrnau'r glaw
   neu'n sythu ar nosweithiau Mawrth, a'r gwaed
yn rhewi'n gorn, a'r gwynt o'r môr fan draw
   yn fferru'r mêr, a ninnau'n stampio'n traed.

Bellach mae llafarganu'r dorf yn fud.
   Mae popeth wedi mynd, y cyffro mawr,
y llif llumanau a'u sloganau i gyd,
   cwhwfan yn y cof mae'r rheini'n awr.
Mae'r cyfan wedi mynd, yr ochr-droi;
   pob buddugoliaeth, y frawdoliaeth dynn;
y goliau a'r holl sgiliau, yr osgoi
   celfydd â'r bêl. Bu'r cyfan oll fan hyn.

Estron i mi yw'r hen Sadyrnau mawr.
   Mae amser yn lladd popeth, y mae'n creu
er mwyn malurio, tynnu pob dim i lawr,
   a chodi adeiladau i'w dileu.
Y mae, lle bu'r cefnogwyr, barc fan hyn,
   ac mewn lle arall stadiwm newydd sbon
bellach, a'r hen gae chwarae'n llawn o chwyn;
   stadiwm sydd yn tristáu yw'r stadiwm hon.

Mae rhywun wedi cau'r hen glwydi'n dynn
   ac amser eto'n rhwygo pob parhad,
dileu pob sefydlogrwydd. Erbyn hyn,
   mae'r mab yn dad i groten fach, a'r tad
yntau'n dad-cu, yn byw plentyndod coll
   ei fab wrth chwarae â'i wyres fach bump oed
ar barc y Fetsh. Fan hyn mae'r cyfan oll
   yn gylch na rwygodd amser mono erioed.

Llyfr Lòg: Cofnod 19

Cyrraedd harbwr a bwriwn ein hangor
   i'r môr, a chymerwn
  ryw hoe yn yr harbwr hwn;
  yna, fe ailgychwynnwn.

Â chriw'r dec ar ddechrau'r daith yn forwyr
   cyfarwydd, ar fordaith
  â'r rhain yr awn ar unwaith,
  hwythau i gyd wrth eu gwaith.

Ond rhai ar y siwrnai sydd yn huno;
   wrth i'r hen griw dedwydd
  brinhau, i harbwr newydd
  y down ar lasiad y dydd.

Ac yno, criw gwahanol a godwn,
   a gadael yn unol,
  er i ni, wrth forio'n ôl,
  chwennych y criw cychwynnol.

Yr un môr, môr ein horiau, a hwyliwn,
   a'r un haul ar hwyliau;
  yr un yw ein siwrneiau,
  yr un llong, a'r criw'n lleihau.

Criw gwâr oedd y criw gwreiddiol, efallai;
   cyfeillion mynwesol,
  ond mordwyo, hwylio'n ôl
  a gawn â'r criw gwahanol.

Hwyliwn, dilynwn linell y gorwel
   i ryw gwr anghysbell,
  i gwr rhyw harbwr hirbell,
  o'r angladd mewn porthladd pell.

A bywyd o hyd yw'r daith; ni yw'r llong,
   a'r llif yw ein hymdaith,
  a'r môr ydyw amser maith
  er ei fyrder ar fordaith.

Blodeugerdd Gwlad yr Addewid:

Teithio trwy Sir Benfro

(i Islwyn John)

Gorffennaf, a'r hindda'n parhau,
a Dinbych-y-pysgod yn danbaid
gan wres yr haul.
Teulu ar bwt o wyliau,
yn hamddena ar draethau'r dref,
ar arfordir sir y saint.

A braf yng Ngorffennaf oedd ffoi
o'r dref brysur
i grwydro Sir Benfro'r beirdd;
ac aethom ein tri yng nghwmni
Islwyn i weld y Preseli, yn haul
y Gorffennaf hwnnw.

Islwyn oedd ein tywyslyfr
a dalennau ei gof yn dadlennu ei gyfoeth
o wybodaeth ac atgofion;
a bu Islwyn yn datgelu golud
ei sir i ni wrth i'r pedwar ohonom siwrneio
yn unfryd drwy Sir Benfro,
ac ar y daith honno fe welsom
dir y sir a drysorai.

Aethom ar ddechrau'r daith
i dawelwch Rhydwilym
i weld bedd Llwyd, cyfaill Waldo,
ac i weld addoldy'r Bedyddwyr ar fin y dŵr;
clywsom afon Cleddau'n tincial fel clychau clir
wrth redeg heibio i'r capel,
yr afon y bu bedyddio'n ei dŵr,
ninnau yn gwrando yno
ar gân yr afon, a fu drwy ganrifoedd
o fawl yn gyfeiliant i'r emyn,

a chawsom hoe a lloches ymhell
o gyrraedd y byd a'i dreisgarwch
am ychydig funudau.

Cerddasom y ddau gae lle bu Waldo
yn myfyrio, hyd wylo, am y frawdoliaeth
a geid yn yr ardal gynt;
fe welsom y garreg arw o gofeb
ar dir Rhos-fach
cyn ymweld â bedd y teulu ym mynwent Blaenconnin,
y bedd lle mae'r tangnefeddwyr
ynghwsg yn angau a'i hedd,
y pedair deilen ar bren brawdoliaeth
a fu'n herio hydrefau rhyfel.

Ym Mhwllderi, ar ôl milltiroedd
o deithio diflino, daethom
at gofeb Dewi uwchben y traeth,
ac fe welsom bentref Trefin
lle bu amser yn chwalu, yn malu, datgymalu melin,
a'r maen yno'n segur mwy.

Mae Islwyn gyda ni o hyd
mewn gwth o oedran
er nad yw'n medru gyrru ei gar
rhagor i ddangos trysorau
ei sir i neb wrth siwrneio heibio,
heibio i'r holl gofebau,
ond mae'r daith honno drwy Sir Benfro'r beirdd
yn fyw o hyd yn fy nghof i.

Llyfr Lòg: Cofnod 20

Pa bryd bynnag y codaf gragen
a'i rhoi wrth fy nghlust,
clywaf hisian a mwmian y môr,
sisial a mwmial y môr,
hisian fel dail yn rhwsial,
sisial a rhwsial parhaus
yn fy nghlyw'n glir, yn fy nghalon glaf,
ac felly, er mwyn fy lliniaru yn yr oriau llawn hiraeth,
cariaf y môr ym Mhorth Ceiriad
yn grwn i ble bynnag yr af,
a holl draethau Gŵyr â'u lledrith a gariaf
gyda mi i bob man, waeth i ble y teithiaf,
cario môr oriog Llangrannog yn gryno
i bobman yr af;
cario, rhag hiraeth, draethau
Ynys Wyth ar nosweithiau
llawn o sêr ar hwyr o haf;
ac felly nid wyf byth
ymhell o gyrraedd y môr,
ac nid oes angen imi
hiraethu am y môr a'i rythmau mwy.

Blodeugerdd Gwlad yr Addewid:

A Fuon Ni'n Avignon?

A fuon ni'n Avignon
ar y diwrnod hwnnw o Fedi
ddeng mlynedd yn ôl?
Do, mae'n debyg,
ond anodd yw credu hynny
erbyn hyn.

A fuon ni'n Avignon
yn crwydro'r strydoedd,
yn siopa ac yn sipian
coffi a gwin yn hin yr haf
hwnnw o Fedi?
Do, fe fuon ni yno, yno am ennyd,
ddeng mlynedd yn ôl.

Sur le pont d'Avignon
on y danse, on y danse;
sur le pont d'Avignon
on y danse, tous en rond ...

A welson ni'r bont yn Avignon?
Rwy'n cofio bod priodas yno ar y pryd
a churo dwylo a chanu,
a'r gwesteion yn dawnsio ar hyd y stryd,
a dyna'r unig ddawnsio
a welson ni'n Avignon.

A welson ni mo'r bont yn Avignon,
nac afon Rhône, mor ddifater ag amser ei hunan,
yn llifo dani.

Treuliasom y rhan fwyaf o'r diwrnod
yn ymwelwyr ym Mhalas
y Pabau, y Palas ysblennydd hwnnw
a'i furluniau'n anfarwoli hanes
y pabau a adawodd
Rufain wedi'r holl ganrifoedd;
camu yn ôl am eiliad i'r Canol Oesoedd,
yn ôl mewn amser, fel pe na bai canrifoedd
rhyngom a'r Pabau Ffrengig
yn Avignon.

Ar ôl treulio diwrnod hir,
dychwelyd yn lluddedig
fin hwyr o Avignon
i Lille sur la Sorgue.

A welson ni mo'r bont.

Rhy bell erbyn hyn yw'r bont
i ymweld â hi.
Cefais innau fy siomi i'r byw am na welais mo'r bont,
oherwydd fy mod yn gwybod
na welaf y bont ac na chlywaf byth
y gân amdani.

A oes rhywfaint o'n hôl yn aros
yn Avignon –
rhywfaint o'n hôl yng nghanrifoedd
hanes hir y ddinas hon?
Nac oes, nid oes un dim
o'n hôl ar ei heolydd,
a bellach, dim ond ni ein tri sy'n gwybod
inni fod, ar ddiwrnod o Fedi,
yn Avignon.

Llyfr Lòg: Cofnod 21

Roedd y Môr yn Gyfarwydd i Mi

Roedd y môr yn gyfarwydd i mi:
rhythmau symudiadau'r don,
y naill un yn dilyn y llall,
symudiadau fel rhythmau amser ei hun,
munudau'r dydd yn y mynd a'r dod,
rhythmau'r môr a thymhorau mân
amser uwch dyfnder y don;
ton ar ôl ton yn tynnu
y trai o afael y traeth,
y tonnau yn tynnu llenni'r llanw
dros ffenest sgleiniog y tywod gwlyb,
a'r môr yw olyniaeth y cenedlaethau,
y cenedlaethau di-lyth
a fu ac a bery byth.

Ac mae gan y môr ei leisiau,
a lliw ar gyfer pob llais:
weithiau mae ei leisiau'n las;
mae ei leisiau weithiau yn wyrdd,
mae ei leisiau weithiau yn llaethwyn;
weithiau mae'r môr yn borffor a'r bae
yn borffor i'w ganlyn; melyn weithiau yw'r môr,
a choch gan fflach y machlud.
Amryliw yw'r môr.

Ac mae gan y môr ei seiniau,
sisial isel, hisian trahaus,
grwnan a hisian parhaus,
ac mae'r môr wrthi, ddydd a nos,
yn treiglo'r gro a'r graean, yn rhygnu'r creigiau,
yn rhuglo'r cregyn, yn bregliach,
yn baldorddi, yn corddi'r ewyn;

ac mae gan y môr ei seiniau:
y tonnau'n dygyfor dan gyffro'r gwynt,
y storm yn 'stwyrian ym mwstwr y mastiau,
a'r gwrthdaro rhwng y gêr a'r offer a'r rhaffau
fel clychau'n tincial;
ac weithiau mae'r môr yn rhuo ac yn rhefru,
ac yn rhochian cysgu wedi'r nosi, yn troi a throsi.
Diamynedd yw'r môr.

A delweddau yw'r môr – theatr symudol o ddramâu:
yr ymwelwyr sy'n crwydro ymylon
y môr yw'r actorion,
y twristiaid sy'n troedio llwyfan y traeth
o flaen cynulleidfa'r môr,
a'r môr ar dywod yn curo ei gymeradwyaeth,
a'r creigiau a'r ogofâu yn olygfeydd.
A ffair yw'r môr,
ffair sydd yn gellwair i gyd,
ac yn y ffair y mae peiriant
gwthio-ceiniogau'r tonnau yn brif atyniad,
a'r graean mân yw ceiniogau peiriant y môr.
Ac mae'r tonnau fel ceffylau ffair,
y naill un yn dilyn y llall,
yn troi ac yn troi ar y traeth,
yn troi gyda'r llanw a'r trai;
a ffatri myrdd o gonffeti yw'r môr,
ar dröell ei drai y mae gwlân yr ewyn,
a'i lanw fel hen felin flawd.

O'r môr y daethom, ynom o hyd y mae'r môr,
a'r môr yw ein hisymwybod,
ein hisymwybod o'r amoeba cyntaf,
ac mae morfilod, bwystfilod, angenfilod y dwfn
yn ymwibio yn ein hisymwybod,
yn codi o waelod y dŵr
i'r wyneb mewn rhithiau gwahanol:
llongau hwyliau ac adar môr,
hen gawell, ac ambell gwch
wedi ei olchi yn deilchion
i'r lan gyda'r llanw;
esgyrn hen bysgod,
darnau o hwylbrennau a broc,
a gwymon yn treiglo'n y trai,
y cyfan oll i gwr y traeth
wedi eu golchi â'r don, a dirgelwch yw'r dwfn,
y dirgelwch sy'n dod o'r gwaelod
i wyneb y dŵr,
o waelod isymwybod y môr.

Blodeugerdd Gwlad yr Addewid:

Cyfarfod â Dewi Stephen Jones

(i Aled Lewis Evans)

Hwn oedd y cyfaill
na welais mohono erioed:
llais oedd fy nghyfaill i,
cyn imi ei weld yn y cnawd,
llais ar y ffôn yn unig;
llais ag acen y Rhos a llawysgrifen
ar bwt o lythyr byr.

Yn annisgwyl, braidd,
aeth Aled â mi i'w weld
yn ei gartref ac yn ei gynefin
yn Hafod y Gog yn y Ponciau,
pan oeddwn yn digwydd bod
yn un o westeion y Stiwt.

Ac yno y buom
am ennyd:
y tri ohonom yn trin
y byd a'i bethau,
trin beirdd a materion y byd,
a'r tri, am ryw chwarter awr,
wedi dod ynghyd, yn yr un ennyd awr,
i'r un lle yn yr un llif
hwn o amser,
cyn imi orfod rhuthro i ddal y trên.

Rwy'n cofio ffenest y gegin,
y dynfa o ffenest anferth
a hudai'r adar at fwyd
a'r rheini yn eu bwrw eu hunain
yn erbyn y gwydyr tryloyw i'w tranc,

ond gorchuddid y ffenest gan len o dudalennau
a blychau carbord creision ŷd
wedi eu hagor, i guddio'r gwydyr,
fel na fyddai'r adar yn eu hyrddio eu hunain
yn erbyn y darnau carbord.

Ac rwy'n cofio'r gath
yn cysgu'n braf yn un o'r cadeiriau,
cath strae o'r stryd;
a'r llyfrau, wrth gwrs,
pentyrrau o lyfrau ar lawr,
a'r llyfrau a oedd yno yn cynnwys yr holl farddoniaeth
a luniwyd erioed gan bob cenedl dan haul,
fe ellid tybied.

Ac yno y buom ein tri am ryw chwarter awr,
yn sgwrsio, trafod, rhyw chwarter awr
yn unig, prin chwarter awr
o blith yr eiliadau a'r munudau a'r dyddiau di-dor,
ac felly, er mwyn eu hail-fyw,
ac er mwyn troi'r chwarter awr yn awr ac yn oriau,
rhaid imi gofnodi'r ychydig funudau
a gefais yng nghwmni Dewi, yn ystod y daith,
cyn imi orfod rhuthro
i ddal y trên.

Blodeugerdd Gwlad yr Addewid:
Addurno'r Ystafelloedd

Pan aethost yn wael, roedd y gweithwyr ar ganol clirio
    dwy o 'stafelloedd y tŷ, i'w paratoi
ar gyfer eu papuro a'u paentio. Nid oedd modd gohirio
    y gwaith o'u haddurno, er imi geisio'i osgoi.

Dewisais y papur wal â'r patrymau rhosod,
    a'r paent ar gyfer y pentan a ddewisais i
yn dy absenoldeb, a dewisais pa garped i'w osod
    dros lawr un ystafell, yr ystafell a'th arhosai di.

Cyn iti ddod yn ôl o'r ysbyty yr oedd tŷ newydd sbon
    yn dy ddisgwyl, ond di-hwyl oedd y tŷ, yn clafychu a churio
mewn hiraeth amdanat, yn tristáu er y lliwiau llon,
    a'r waliau a'r distiau a'r staeriau i gyd yn tosturio;

ond pan ddaethost yn ôl, swanciai'r waliau o liw yr olewydd,
a'r tŷ'n dy groesawu i'w serch fel priodferch newydd.

Llyfr Lòg: Cofnod 22

Llythyrau

O'u mewn y mae hanes. Mae rhai mewn llyfrgelloedd; ar goll
   y mae eraill yng ngwaelod hen gist, a'r gist ar gau
cyn i rywun ddod i ddadlennu'r cyfrinachau oll,
   a throi'n llith academaidd oer y dymestl rhwng dau.

Graenus oedd ysgrifen Goronwy, hyd yn oed wrth gofnodi
   marwolaeth Elin yn Walton, cyn croesi'r dŵr;
cain oedd ysgrifen Kate, er ei bod, cyn priodi,
   yn datgelu ei rhywioldeb amwys i'w darpar ŵr.

Bob Parry, darlithydd â'i lythyr gan lid wedi'i lethu;
   Waldo, yn crwydro ar wasgar, a charchar o'i flaen,
â'i ysgrifen ar wasgar hefyd, rhag y gwawd o'i drethu;
   roedd ysgrifen Gwenallt yn gymen, ond yn gam dan y straen

o orweithio i ennill ei blwy' fel ysgolhaig
mewn cenedl anwadal, a'i chalon yn galetach na chraig.

Blodeugerdd Gwlad yr Addewid:

Gwrthrychau fy Nghofiannau

Goronwy Owen

Blinodd ar ei bobol ei hun a'i guradiaeth dlawd;
  heliodd ei bac a hwylio i Virginia bell
gyda'i wraig a'i blant yn ei ganlyn; a chan herio ffawd,
  fe hwyliodd ymaith â gobaith am fywyd gwell.

Gadawodd Elin yn Walton, y lleill a hebryngwyd
  ganddo i'r llong, ond collodd ei wraig ddi-glem
ac un mab ar y daith; dros ochr y llong fe'u gollyngwyd,
  ac amwisg o wymon a gawsant yn hytrach na gem.

Ond roedd ganddo'i freuddwyd, er nad oedd ei wireddu'n hawdd:
  creu epig, fel bardd dysgedig *Paradwys Goll,*
yn ei iaith ei hun; heb anogaeth na chefnogaeth na nawdd,
  aeth ei freuddwyd i'r gwellt. Pwysicach oedd pris baco a'r doll

a godid arno, a'i blanhigfa, ac, yn dirfeddiannwr,
cadw caethweision, a byw Breuddwyd pob Americanwr.

Hedd Wyn

Ni ddywedaf ddim mwy. Ffarwelio ragor sydd raid;
   aeth blwyddyn y cofio heibio, gyda pheth rhyddhad.
Bellach, caf gladdu atgofion a hanesion fy nhaid
   a bwrw o gof y ffwdan ynghylch dy goffâd.

Rwyf innau ar fai. Er mai'r bwriad oedd dy fawrhau,
   fe drois dy drasiedi'n gofiant, troi'n adloniant dy ladd;
troi'r staen ar ddwrn dur yr Almaen yn ffilm i goffáu
   cenhedlaeth a aeth yn genhedlaeth ar garreg nadd.

A adroddais dy stori'n dosturiol? Hynny ni wn,
   ond mi wn mai ynfyd oedd anfon ar dramp tua'r drin
ryw fugail di-lun a'i arfogi â bidog a gwn,
   a'i anfon, mor wargrwm â phynfarch, i groesi rhyw ffin.

Ond mae bai arnat tithau hefyd oherwydd mai ti
a roddodd y fath arwriaeth yn gynhysgaeth i ni.

Bob

Mae Llŷn yn ymestyn ymhell. Ym Motwnnwog fe'm tynnaist
   i rwyd dy gyfaredd, i rodio ar hyd dy Lôn Goed.
Dysgais dy gyfrol ar gof; ohonof fe fynnaist
   greu bardd a rhoi imi'r awen na'm gadawodd erioed.

Wrth ymchwilio ar gyfer dy gofiant cefais brawf i'r frawdoliaeth
   academaidd dy esgeuluso fel ysgolhaig
a'th adael, a'r cyflog yn wael, i grafu bywoliaeth:
   yn was, cefaist friwsion; i'r pwysigion y rhoddwyd pob saig.

Ac eto, er gwaethaf pob gwawd, yr oedd llu'n dy edmygu,
   fel Saunders, ond cefais fy ngadael yn gegrwth syn
pan ddarllenais i rywun dy gymharu, wrth adolygu
   fy nghofiant, i feirdd fel Crwys ac Eifion Wyn.

Diolcha, bellach, yn lle grwgnach ar yr un dôn gron,
fod dy Gymru gefnogol mor wahanol i'r Gymru hon.

Gwenallt

Cymraeg Rhydcymerau oedd Cymraeg ei rieni,
　a siaradai'r mab gymysgfa o dafodiaith wâr
cynefin ei linach a thafodiaith y gweithfeydd trwy ei eni
　yng nghwm y caethiwed, nid yng ngwlad agored Sir Gâr.

Cymraeg Meirionnydd oedd Cymraeg fy mlynyddoedd cynharaf
　a Meirion oedd fy Rhydymerau. Ni chlywais erioed
yr un gair o dafodiaith Pen Llŷn, ond cymysgodd yn araf
　â Chymraeg Sir Feirionnydd ar ôl imi groesi'r pump oed.

Y mae popeth yn newid. Y mae llanw yn dilyn trai
　a thrai yn olynu llanw. Wrth agor y llenni
bob bore fe welaf Gwm Tawe uwch pennau'r tai,
　y cwm diwydiannol lle cafodd Gwenallt ei eni;

a bellach mae tafodiaith Felindre a Chwm Tawe'n gytûn
â Chymraeg Sir Feirionnydd a lleferydd brodorion Llŷn.

Waldo

'Rhag y rhemp sydd i law'r dadelfennwr
A gyll, rhwng ei fysedd, fyd ...'

Dihangodd rhag y rhai a'i herlidiai a chyrhaeddodd Lŷn
    yn nydd dadwareiddio'r cenhedloedd, a'r cŵn yn un haid
yn brathu ei sodlau; o'i sarhau gan ei sir ei hun,
    aeth i Lŷn i chwilio am noddfa rhag y llwtra a'r llaid;

ac i'w ganlyn aeth Linda. Bu'r ddau yn lletya mewn tai
    anaddas, llawn tamprwydd. Y mae sôn am ŵr temprus, blin
a chanddo'r acen ryfeddaf, ac fe haerai rhai
    ei fod, er ei holl diriondeb, yn un anodd i'w drin.

Y mae sôn amdano'n ffustio rhyw grymffastiaid garw;
    y mae eraill yn cofio'i bryder pan aeth Linda'n wael.
A deimlai, yn ei galon, edifeirwch, wedi i Linda farw,
    iddo'i llusgo i berfeddion Llŷn, ymhell o Gas-mael?

Ac un oedd y dadelfennu ar Deulu Dyn
â'r dadelfennu ar ei deulu ef ei hun.

Kate

Brenhines drasig ein llwyth a sagâu ein llên;
   arwres ond arwres drist, a'i choron yn straen
ar ei phen, ond bu iddi, er hynny, fyw'n feichus o hen;
   hen wraig gynhennus, a'i thafod yn llawer rhy blaen,

ond hon, er ei holl arucheledd, oedd Heledd ei hil,
   Ystafell Gynddylan oedd aelwyd Rhosgadfan gynt;
collodd Dei, collodd frodyr eraill, ac fel deilen chwil,
   fe'i hyrddiwyd o le i le gan ryw gythraul o wynt.

Collodd hefyd ei gŵr, ond cafodd gusan un hwyr
   gan wraig, a dadlennodd gwefr honno i ni'r gyfrinach
a gadwodd gyhyd, er na chuddiodd mohoni'n llwyr;
   gadawodd y gyfrinach honno yn ei llên i'w llinach,

ond mae gan y Cymry darbodus o hyd eu hamheuon
mai celwydd oedd ei natur hoyw, fel pob un o'i straeon.

Llyfr Lòg: Cofnod 23
Tri dyddiad

1918

Gan mlynedd yn ôl,
union gan mlynedd yn ôl,
daeth y rhyfel i ben.
Saethwyd y fwled olaf;
ffrwydrwyd y bom olaf;
ymladdwyd y rhyfel olaf
yn holl hanes ein llinach;

ond parhau y mae'r beddau, a'r croesau, a'r cofebau fyrdd,
a'r gwaed ar yr erwau gwyrdd.

1948

Ddeng mlynedd ar hugain ar ôl
i'r Rhyfel Mawr ddirwyn i'w derfyn
y cychwynnais i ar fy nhaith.
Cychwynnais ar fy nhaith yng nghysgod rhyfel arall,
y rhyfel a wagiodd y synagogau
o Iddewon, a gwagio'r holl ddaear
o'u hil yn enw glanhad;
y rhyfel a ddaeth â hiliaeth y genedl ddihalog,
a hiliaeth yr holl genhedloedd,
i ben am byth;

ond parhau y mae'r beddau, a'r croesau, a'r cofebau fil,
parhau fel y puro ar hil.

2018

Eleni, mae'r can mlynedd
a deng mlynedd a thrigain fy modolaeth
ar y ddaear hon yn dod ynghyd.
Union gan mlynedd ar ôl i heddwch
ddistewi'r ddaear, cyrhaeddais oed yr addewid.

Bardd rhyfel wyf innau hefyd.

Ac yn ystod blwyddyn canmlwyddiant diwedd y rhyfel
y cyhoeddir fy llyfr hanes innau,
y llyfr am fy nghyfeillion,
yr hogiau y bûm innau'n eu mysg
am bedair blynedd, yn ymchwilio i'w hanes,
a dod i'w hadnabod, o un i un,
a dod i gasáu rhyfel
yn fwy nag erioed o'r blaen.

Blodeugerdd Gwlad yr Addewid:

Y Salm

(Credai tad-cu fy ngwraig mai Salm 91 a'i cadwodd yn fyw yn Ffrainc adeg y Rhyfel Mawr. Adroddai'r salm wrtho'i hunan bob tro yr âi i ganol y frwydr, a daeth o'r rhyfel yn ddianaf. Bu'n ymladd ym Mrwydr Coed Mametz gyda'i fataliwn, 14eg Bataliwn y Gatrawd Gymreig (Bataliwn y Cyfeillion, Abertawe). Mae gennym lun ohono ef a'i briod. Tynnwyd y llun ym 1917.)

Mae hi'n ganrif a mwy erbyn hyn
er pan dynnwyd y llun:
y gŵr yn ei wisg filwrol a hithau'n ei gwyn,
a hi a anfonodd y llun ato ef, fel y gallai
ei gael yn ymyl ei galon
wrth ymladd yn Ffrainc.

Y rhain oedd rhieni
fy nhad-yng-nghyfraith, tad-cu a mam-gu fy ngwraig.
Priodwyd y ddau
yn ddefodol yn nydd y lladdfeydd
pan oedd y rhyfel, yr ysgarwr mawr,
yn chwalu dwsin o briodasau
bob dydd.

Dychwelodd y milwr hwn
yn ddianaf, lle bu byddinoedd
yn cwympo o'i amgylch,
ac fe haerai trwy gydol ei fywyd
mai Salm rhif naw deg un
a'i hachubodd wedi chwythu'r chwiban
a yrrodd y miloedd i'w tranc
dros glawdd y ffos.

Adroddai'r salm pan oedd gynnau'r Almaen
yn tanio arno ef a'i gyfeillion
yng Nghoed Mametz.

Cadwai'r salm hon ddicter y sieliau ymhell
oddi wrtho wrth iddo wthio ymlaen,
gwthio a phwyso ymlaen at y ffosydd
lle'r oedd y gelyn yn llechu,
ymlaen fesul llath, fesul canllath, a'r bwledi fel cenllysg
yn chwibanu o'u cylch.
Tra adroddai ef
y salm hon cwympent fesul mil,
gwthiai yntau ymlaen rhwng y rhai a gwympai o'i gwmpas
fel gwaneifiau, a gwthiai ymlaen
ymhlith y pum mil a wthiai
ymlaen gydag ef hyd ymylon y goedwig o waed,
ymhlith y pum mil a helaethwyd
yn filoedd ar filoedd, yn fwy.
Cwympai'r miloedd o'i amgylch;
cwympai pum mil wrth ei ystlys,
cusanent y pridd,
galwent am eu mamau wrth i'r gynnau fugunad;
syrthiai deng mil ar ei ddeheulaw,
a'r hyn a'i gwaredodd, yr hyn a'i diogelodd,
oedd Salm naw deg un.

Ni ddigwyddodd iddo un niwed; ni ddaeth na bwled na bom
yn agos ato
yn y gad yn y goedwig,
ac ni ddaeth yr un pla ar gyfyl ei babell.
Diogel oedd yn y goedwig lawn,
lawn celanedd.

Cafodd hwn, ym merw'r drin,
amddiffynfa a noddfa yn Nuw.
Duw a daenodd ei adenydd drosto
yn y gad i'w gysgodi,
a'i ddigoni â hir ddyddiau
ar ôl iddo ffarwelio â Ffrainc
ar derfyn y rhyfel.

Ac mae'n rhyfedd meddwl
na fyddai fy nhad-yng-nghyfraith
na'i ferch, fy ngwraig, na'n plant,
na'u plant hwythau, ein hŵyr a'n hwyres,
yn bod oni bai
am Salm rhif naw deg un,
y salm a oedd megis helmed
rhag gwib y bwledi,
ac yn darian rhag y shrapnel mân yng Nghoed Mametz.

Blodeugerdd Gwlad yr Addewid:

Milwyr
1914–1918

Ganrif yn ôl,
o'u gwirfodd yr heidiodd y rhain
i feysydd cynaeafu cyfoeswyr,
y caeau lle bu cywain
cenhedlaeth, fel cywain i ydlan
gynhaeaf yr haf, wrth i'r rhyfel
fedi cyfoedion.

Ifanc oedd y rhain,
cyhyrau ifanc, breichiau cryfion,
croen glân, dannedd gloyw;
hoyw oedd y rhain,
ac aeddfed i'r gigyddfa
ar feysydd y gwaed,
aeddfed fel ŵyn i'r lladdfa,
aeddfed i'r fwled filain.

Parod oedd y rhain,
parod i iro peiriant
y rhyfel â'u gwaed;
enw a rhif oedd pob un o'r rhain,
a'r rhain a ireiddiai'r ddaear â'u gwaed,
y rhain a fwydai'r fidog
â'u gwaed.

Eiddgar oedd y rhain i droi'n ddagrau y ddaear ei hunan,
eiddgar i droi'u cnawd yn fara
a'u gwaed yn ddefnynnau gwin,
hwythau'n ebyrth anniben
ar hyd wyneb Tir Neb, pentyrrau anniben
o gyrff ar feysydd y gwaed,
ebyrth, a'r gynnau'n ubain
o'u hamgylch hwy.

Daliwyd a rhwydwyd y rhain
gan grafangau'r gwifrau milain:
yno'r oedd y rhain
fel ŵyn yn gwingo'n aflonydd
mewn mieri a drysi a drain,
yn gwingo, fel nerfau, ar flaenau hirfain
y weiren bigog, ond ni ddôi yr un bugail
at ei ddefaid coll, i'w gollwng
yn rhydd o afael y rhain.

Antur oedd y rhyfel i'r rhain,
y rhain na châi bysedd oer henaint
fyth gyffwrdd â nhw;
y rhain a fu
yn ymdrybaeddu yn y mwd a'r baw,
ym mudreddi a phiso'r ffosydd;
a'r pro patria mori tra mirain
yn fedd, yn anrhydedd i'r rhain.

Yn Ffrainc y mae cyrff y rhain,
ac eraill yn gorwedd yn gelain
yn nhiroedd pell y Dwyrain,
ond o hyd, drwy'r byd, diasbedain
y mae eu sgrech; ac ymysg y rhain
yr oedd hogiau heb gyrraedd eu hugain;
rhy ifanc oedd y rhain i ymladd,
rhy ifanc i farw hefyd
oedd yr holl rengoedd o'r rhain.

Dewiswyd y rhain i'w distrywio a'u hau
ar hyd wyneb Tir Neb, yn sŵn ubain
bwled a thân-belen.
Dewiswyd y rhain yn ddidostur i'w henwi
ar goflechi ac ar feini di-feind.
Dewiswyd y rhain i dystio i'r hanes
a greasant â'r miliynau o groesau.
Dewiswyd y rhain i ddifodi estroniaid
heb wybod pam; ac fe'u claddwyd mewn gwledydd tramor
heb wybod pam.

Maluriwyd a distrywiwyd y rhain;
doluriau a chlwyfau'n crochlefain
ym mhennau'r mamau eu hunain;
a mwyach, ar ôl canrif filain,
ar gofebau y ceir enwau'r rhain
yn rheng, ac mae enwau'r rhain
yn ubain drwy gofebau.

Blodeugerdd Gwlad yr Addewid:

Hedd Wyn a'r Rhyfel Mawr

Y Gadair Ddu

Er ei chweirio a'i chwyro'n newydd lân,
ni ddiléir yr olion
gwaed ar hyd y gadair hon,
Gadair pob Armagedon.

Cofgolofn Hedd Wyn yn Nhrawsfynydd
(Hedd Wyn yn llefaru)

F'enwi uwch pawb ni fynnwn; y moliant
uwch miloedd a wfftiwn,
canys y miloedd oeddwn:
rhyfel neb yw'r cerflun hwn.

Y Gadair Wag
(Mamau Cymru yn llefaru wrth Hedd Wyn)

Drud iawn yw dy gadair di; hon, â gwaed
yn gawodydd drosti,
yw cadeiriau'n hogiau ni
yn rhyfel ein cartrefi.

Coffáu'r Aberth (1914–1918)

Er ein dewrder wrth herio y dwrn dur,
　nid oes unrhyw wylo,
ac aeth ein haberth dros go';
aeth ein haberth ni heibio.

Milwyr y Rhyfel Mawr

Heddwch a chlod a haeddant; anrhydedd,
　nid sarhad; lle cysgant,
yn y llwch heddwch ni chânt,
a gwag iawn yw'r gogoniant.

Llyfr Lòg: Cofnod 24

Colli Dau Athro, Dau Gyfaill

Mae dau a ymadawodd yma o hyd
heb ymadael, rywfodd,
ac amser ni chymerodd
y ddau sy'n parhau â'u rhodd.

Blodeugerdd Gwlad yr Addewid:
'O'r Bedd i'r Crud'

(er cof am Bobi Jones
a fu farw ar Dachwedd 22, 2017)

Nid oedd enaid i'w ddinas,
na gobaith i'r iaith, a'i thras
yn rhoi gwerth uwchlaw gwerthoedd,
a hithau'r iaith, dieithr oedd
i'w sŵn ceir a'i Saesneg hi;
na, nid oedd enaid iddi,
ond i ganol marwolaeth,
un dydd yn blentyn y daeth,
a phridd mân, graean a gro
ei Gaerdydd yn grud iddo.
Geni rhyfedd mewn bedd bas
oedd ei eni'n y ddinas.

Yr iaith a gawsom yn rhodd,
diwydiant a'i halltudiodd:
aeth, trwy wanc, ar ddifancoll,
ym mwg Morgannwg ar goll.
Aeth cenedl yn genedl gudd,
dileu cenedl â'u cynnydd
a wnaethant, aethant â'n hiaith
o'r cwm ar draciau ymaith:
dinas o'i bodd yn boddi
ein hiaith â'i hiaith ddiffaith hi.

Yntau, a fu yn blentyn,
a ddaeth mewn dinas yn ddyn,
ac un diwrnod ato daeth
y Gymraeg, am wrogaeth:
chwilio amdano mewn dinas
rhag gorfod diwreiddio tras.

O'i fodd fe ddysgodd ei iaith:
yn fom y ffrwydrai'i famiaith
ynddo ef, a newydd oedd
ei fyd: un foddfa ydoedd,
a'r iaith, er pob dadrithiad,
ynddo yn ffrwydro'i pharhad.

Hon a'i hawliodd yn drylwyr;
ennill iaith a'i hawlio'n llwyr
fesul sill; ei hennill hi
yn drylwyr o'i meistroli;
ei hennill fesul sillaf
nes croesi pont afon Taf
at Daf arall na phallai,
na roed erioed iddi drai.
Diferyn o'r Daf arall
a drôi'n llyn; estron y llall,
dinas anghytras ei hiaith
â'i hafon mor anghyfiaith
â'r ddinas atgas ei hun:
un Daf ni thrôi'n edefyn
arian, hir i arwain hwn
o'r ddinas lle'r oedd Annwn,
a rhôi, gan hawlio parhad,
y Daf arall adferiad,
ac wrth ddysgu'r iaith esgor
fymryn wrth fymryn, ar fôr,
môr o Gymraeg, môr o iaith,
llanw cyrhaeddbell uniaith.

A drych oedd canfod yr iaith,
y ffenestr i'w gyff uniaith,
y drych lle gwelai ei dras
yn ei harddwch a'i hurddas:
ynddo'r oedd holl werthoedd ach;
holl lên a chyfoeth llinach
yn y drych, a ffenestr oedd
i weld gwlad a'i goludoedd,
a gweld, heb ffenestr estron,
ystyr hil drwy'r ffenestr hon.

Âi, drach ei gefn, drwy'r drych gwâr
i ddoe ein rhan o'r ddaear,
yn ôl i orffennol ffydd
ei linach, ddoe ysblennydd
ein ffydd, ein crefydd a'n cred,
golud gwâr gwlad agored,
a gwlad Gristnogol a oedd
yn drysor Duw i'r oesoedd.

Canfu gampweithiau'r Cynfeirdd;
canfod byd; canfod y beirdd
a fu yn gof inni gynt
a'r gwerthoedd a oedd iddynt,
a thrwy ganfod traddodiad
darganfod hanfod tref-tad,
canfod, fel ceinder brodwaith,
werthoedd canrifoedd yr iaith,
a chanrifoedd gwâr oeddynt,
canrifoedd y gwerthoedd gynt,
ac mewn gwerthoedd roedd parhad,
mewn gwerthoedd roedd gwareiddiad.

Hwn, o'i fodd, a ganfyddai
Ddafydd a Morfudd ym Mai,
a Dyddgu, a sancteiddgan
y nwydus, fasweddus Ann,
a'u moli; ffoli ar ffydd
gnawdol y Pêr-ganiedydd.

A bu yn lledaenu dysg,
hyrwyddo'r Gymru hyddysg
drwy'i ail iaith, troi darlithoedd
gwâr i'w dras yn grud yr oedd,
gan annog ac ysgogi
to ar do i'w hawlio hi,
a'i hawlio hi drwy'u hail iaith
i'w haileni'n hil uniaith.

Hawliodd a meddiannodd iaith;
meddiannu, mewn modd uniaith,
iaith ei hil, iaith a'i hawliodd,
hawlio'r iaith i'r hil a'i rhodd
iddo, a hawlio'i pharhad,
a'i hawlio yn gynheiliad:
hawlio iaith â'i ddarlithio
a hithau'r iaith, yn ei thro,
a feddiannai'r brifddinas,
lle bu ailgartrefu tras.
Mud yn ei hirlwm ydoedd,
byddar a dall; beddrod oedd
y ddinas iddo unwaith
nes iddi hi hawlio'i hiaith
eto'n ôl trwy'i hysgolion
a sicrhau addysg gron
i'w phlant, tra ffolai yntau
ar hil a fynnai barhau.

Â'i Gaerdydd yn grud iddo,
yr oedd grym mewn pridd a gro,
a dinas yn dadeni
ein hiaith trwy'i hysgolion hi.
Trwy'r gwâr hwn, trwy ŵr o gred,
yn genedl lawn y'n ganed,
a'i eni ef yr un waith
yn ein geni ni ganwaith.

Blodeugerdd Gwlad yr Addewid:

Un Tadol wrth Blant Ydoedd

(er cof am T. Emyr Pritchard,
fy athro Cymraeg yn Ysgol Botwnnog gynt,
a fu farw ar Ionawr 22, 2018)

'Disgybl wyf, ef a'm dysgodd'

I

Cerddai'r llanc ar ddaear Llŷn;
rhodiai drwy'r gwair a'r rhedyn
yn ddiofal ddifalio,
yn ddi-hid ei ienctid o.
Nid oedd gae nas adwaenai
yn grwn, ble bynnag yr âi.
Ymwibiai, ddyddiau maboed,
ar draeth Porth Ceiriad erioed.
Neidiwr y glannau ydoedd
a chysgod ar dywod oedd
a'r haul yn mesur ei hyd.
Y llanc ifanc hwn hefyd
draw i eithaf rhyw draethell
a gerddai, mentrai ymhell;
cerdded, a'r môr yn corddi
holl ewyn llaethwyn y lli.

Mwynhâi ei gwmni ei hun;
dringai graig; casglai gregyn,
ond troi'n ôl er mentro a wnâi
a rhyddid a gyrhaeddai
rhag i'r môr ymhen oriau
ei gau o fewn ogofâu.

Ond rhyw gloch uwch tir a glan
a'i galwai ef o Gilan
i Fotwnnog; fe'i tynnai
o'r traeth, a'r llanw a'r trai;
galwai hi, ac fe glowyd
y llanc mewn ystafell lwyd.
Addysg a hawliai'i ryddid;
nacâi dysg y llanc di-hid
rhag crwydro eto ar draeth
agored ei fagwraeth.

II

Cerddem, ymdeithiem bob dydd,
yn ifanc, ond yn ufudd
i'r drefn, gan siarad yr iaith,
a ninnau bron yn uniaith.
Ni fynnai'r drefn i ryw draeth
hawlio ein dyddiau'n helaeth.
Sgwrsiem: pa eisiau gwersi
mewn iaith nas siaradem ni?
Ei lladd a fynnai addysg,
lladd ein hiaith ddiffaith trwy ddysg,
a thybiem mai iaith ddibwys
a di-werth i bynciau dwys
oedd ein hiaith gyfarwydd ni,
iaith ddyddiol heb werth iddi.

Nid oedd un nod i addysg,
nid oedd un diben i'n dysg
na gwerth gan mai Seisnig oedd
ein haddysg drwy'r blynyddoedd,
hithau'n hiaith yn iaith ddi-nod,
iaith ddiwerth traeth a thywod.

III

Sŵn murmur rhwng y muriau
fel sŵn y llanw'n pellhau
o gyrraedd glan; mwmian mud,
ystwyrian mân am ennyd
yn llenwi'r 'stafell honno,
sŵn crensian graean a gro.

Dôi trwy'r drws; treiai'r mwstwr;
eisteddai; distawai'r stŵr;
agor llyfr; traethai gerllaw;
yn astud ac yn ddistaw
mewn ofn y gwrandawem ni
ac arswyd oedd y gwersi
hynny gynt inni i gyd,
ofer ein dysgu hefyd.
Gwae oedd addysg, o ddioddef;
un addfwyn oedd; ei ofn ef
a wnaem, cans mynnai Emyr
gael iaith yn berffaith, yn bur,
yn firain ei leferydd;
ond, wrth wrando arno un dydd,
yn sôn am drefn cytseiniaid,
rhoes calon un yno naid,
a'r athro hwn, traethu'r oedd
ym mhorth rhyw lys am werthoedd
yr hen oesoedd, gwerthoedd gwâr
cenedl ein ffurfiant cynnar.
Disgyblwr, ceryddwr oedd,
un tadol wrth blant ydoedd.

Profai'r llanc ifanc ryw hud
a phrofai gyffro hefyd,
nes bod syfrdandod i'w wedd;
profai gymundeb rhyfedd
â'r iaith a'i athro'n traethu
o'i fodd am fawredd a fu,
a dwys y newidiai'i wedd
yng nghynnwrf y gynghanedd.

Pa wyrth oedd hon? Porth oedd hi
i oes aur y penseiri,
i oes aur y trysorau
lle'r oedd cist ar gist ar gau,
cistiau yn cau eu hystyr
o'u mewn, ond rhwng pedwar mur,
agorodd cist y geiriau,
agor i'n hathro ryddhau
holl drysorau'r cistiau cudd,
rhoi i ni'r rhain o'r newydd,
rhannu â ni rin ein hiaith,
rhannu trysorau'r heniaith.

Cynnal gwers mewn iaith bersain
a wnâi'n hathro, geirio'n gain;
trwyadl ei iaith; troedle oedd,
gramadeg a'i grym ydoedd.

Er dysgu'r iaith a'i theithi
nid digon i'n hathro ni,
a'r iaith yn borth a throthwy,
oedd medru iaith. Cerddem drwy
borth aur ei ddosbarth i oes
amgenach, aem i gynoes
y Gymraeg, ac Emyr oedd
yn tywys y minteioedd,
ein tywys ni at awen
y llwyth, at darddle ein llên;
yn nes, nes at gynoesoedd
yr âi â ni. Urien oedd;
nesnes, uwch addysg Seisnig
y dydd, at gynoesoedd dig
y'n tywysai, at oesoedd
a fu, a'n cof ieuanc oedd
yn rhan o gof y rheini
y bu'u hoes cyn ein hoes ni.

Roedd y llanc ar ddifancoll,
ar ddaear gynnar ar goll:
yn ei ddesg yn ddiysgog
y gwrandawai; canai cog
Abercuog iddo gynt,
rhwyfai ar donnau'r hafwynt.
Gwelai Fai drwy'r llygaid llym
y gwelai rhyw ap Gwilym
mor rhwydd gyfaredd drwyddynt,
synhwyrai a gwelai'r gwynt;
dôi hefyd i'w ystafell
ddosbarth o Sycharth oes well
Iolo, a honno ynghudd
ac Owain yn ei gywydd
tragywydd; mewn cywydd cain,
tragywydd oedd trig Owain.

IV

Rhagddi hi nid oedd dianc:
nid yr un oedd Llŷn y llanc
â Llŷn y bachgennyn gynt;
dyddiau'r darganfod oeddynt
iddo ef, dyddiau'i afiaith
wrth drin geiriau; hithau'r iaith
ddi-nod a weddnewidiodd
ei fyd, a'i athro, o'i fodd,
a droes, wrth agor drysau
rhyddid, a gedwid ar gau,
gynefin bachgen ifanc
yn Llŷn yn gynefin llanc.

Llenyddiaeth oedd Llŷn iddo,
a champau'r ach ymhob bro;
llawysgrif y canrifoedd
oedd pob traethell, llyfrgell oedd,
a Llŷn oedd yn llawn o iaith,
yn llawn cân i'r llanc uniaith.
Darllenai drai a llanw'r
mynd a dod ym min y dŵr,
a'i lanw yn llanw llên,
a'i drai yn un gystrawen;
darllenai ystyr llinach
yn llên ac awen ei ach;
clywai, darllenai dir Llŷn,
darllen ystyr Llaniestyn.
Yr iaith unwaith a enwodd
leoedd Llŷn, bob un, o'i bodd:
enwi'r pentrefi, pob traeth,
a'u henwi'n creu hunaniaeth;
enwi tir yn Rhoshirwaun,
enwi lle yn Borthdinllaen;
Llanengan, Llangian gynt,
mannau nad mannau monynt,
ond cof eneidiau cyfun,
cof oesoedd oedd lleoedd Llŷn.

V

Cerddai'r llanc ar ddaear Llŷn;
rhodiai drwy'r gwair a'r rhedyn;
a'i Lŷn, mor wahanol oedd;
yn ddrws at feirdd yr oesoedd
ganed o Lŷn genedl wâr,
ganed y Gymru gynnar.
Porth Ceiriad a siaradai
un iaith erioed; llanw a thrai'n
ei siarad ger Rhoshirwaun;
wrth donnau lleddf Porthdinllaen
y gwair a barablai'r iaith,
a phob gwaun yn waun uniaith;
a'r rhedyn a'i siaradai,
a'r tir oll, a'r llanw a'r trai.
Treftadaeth oedd pob traethell,
a chof oedd pob ogof bell.

Breuddwydiol, fel bardd, wedyn
y crwydrai'r llanc ar dir Llŷn;
cerddai, adroddai ar draeth
agored ei fagwraeth
ei weithiau mwy wrth y môr
a roddodd mor daer iddo
rythmau'r iaith, y môr ei hun
oedd ei gywydd, ac ewyn
ei lanw oedd englynion,
a siantiai'i waith yn sŵn ton.

VI

Wyt heno, f'athro, yn fud,
a hŷn wyf innau hefyd;
llanc o Lŷn yn hŷn heno,
ond ti, gorweddi'n y gro.
Gŵr mud heb feddu grym iaith
wyt, Emyr; aethost ymaith,
hithau'r iaith a hiraethai,
fel hiraeth traeth am y trai,
amdanat; mud yw inni;
aeth yr iaith ymaith â thi.

Imi rhoist harddach mamiaith,
cywirach a choethach iaith;
rhoi holl lên Cymru i'r llanc,
hen awen i'r un ieuanc.
Y fath rym, f'athro Emyr
a roist i mi, drawst a mur
fy llys, fy nghyfaill oesol –
dieithriwyd iaith ar dy ôl.
Mewn gro mud mae'n gramadeg,
a'r iaith yn fratiaith a rheg.

Athro, pam y dieithrwch?
Onid yw'r iaith heddiw'n drwch
o wallau, a hithau'n llwm,
iaith wag, mor wag â rhigwm?
Y Gymraeg yn rhigwm rhwydd,
yn athrod ar berffeithrwydd.
Aeth ein hiaith yn iaith ddi-nod
eto, a'r clymau'n datod.
Mae d'angen ar yr heniaith
rhag i ni lurgunio iaith,
rhag i ni rwygo'n hawen
a lladd gogoniant ein llên.

VII

Ond tasg a osodaist ti,
Emyr, yr olaf, imi,
a'i chyflawni hi a wnaf,
esgeulus o'r dasg olaf,
Emyr, nid wyf. Marwnad yw,
marwnad i dad nad ydyw,
un a fynnai drwy f'einioes
gaboli iaith disgybl oes.
Y gwaith cartref hwn hefyd
a gwblhaf: disgybl o hyd
iti wyf, dy etifedd,
dy fab wrth erchwyn dy fedd.

F'athro Emyr, fe'th rwymwyd
yn nhir llwm un Ionawr llwyd,
a thrwm, fy athro Emyr,
yw tramwy ôd; pantio'r mur
a wnaed gan dy angau di,
bylchu'r mur, a'r mieri
yn hollti cerrig geirwon,
ac mae'r hollt drwy'r Gymru hon.
Y mur hwn, mor wahanol
ydoedd flynyddoedd yn ôl.
Emyr oedd fy Nghymru i,
Emyr oedd y mur iddi,
ond Emyr nid yw yma:
trwy'r mur hwn, torri mae'r iâ,
a thrist heb fy athro wyf;
o hyd, ei ddisgybl ydwyf.

Llyfr Lòg: Cofnod 25

Prinhau mae'r boreau braf; a lleihau
y mae'r oriau'n araf;
pellhau mae'r prynhawniau haf,
nesáu mae'r nos o aeaf.

Blodeugerdd Gwlad yr Addewid:

Brad y Cof

Ni wn ai da ai drwg, ai doeth ai dwl
    yw bwrw golwg dros y llwybrau gynt.
Byddai'n bywydau'n well heb ambell bwl
    o hiraeth i amharu ar ein hynt

drwy'r byd a'r bywyd hwn. Pa ddiben sydd
    i ni'n poenydio'n hunain a dyheu
am bethau na ddônt byth yn ôl, am ddydd
    a ddarfu fel na ellir ei ail-greu?

Twyllwr yw'r cof: dethol y mae'r bendithion;
    dewis y da a diystyru'r drwg;
arddel pob atgof doeth, dileu'r melltithion;
    coledd pob gwên, claddu pob gwawd a gwg;

a byddai byw yn llawer haws pe bai
atgofion drwg yn fwy, rhai da yn llai.

Llyfr Lòg: Cofnod 26

Baled y Bardd a'r Ddau Ŵr o'r Môr

'I fear thee, Ancient Mariner!
I fear thy skinny hand!'
'The Rime of the Ancient Mariner',
Samuel Taylor Coleridge

'Souvent, pour s'amuser, les hommes d'équipage
Prennent des albatros, vastes oiseaux des mers ...'
'L'Albatros', Charles Baudelaire

Yr oedd y lleuad uwch y lle
    yn bwrw'i gwe o gŵyr,
a llosgai'r nen a'r nos uwchben
    ei channwyll wen yn llwyr.

O'r llusern wen arllwysai'r nos
    farwydos aur a rhudd
ar grychni môr, a'r gwreichion mân
    ar dân yn hwyr y dydd.

Clywn sŵn rhialtwch mawr a hwyl,
    fel miri gŵyl, a'r gwynt
yn llawn o chwerthin ffri a ffraeth
    pob hen gwmnïaeth gynt.

Dilynais sŵn y miri mawr
    lle crynai'r llawr, a'r llu
yn dawnsio arno, dan ei sang,
    mewn neuadd eang, ddu.

Ac roedd y neuadd yn nesáu
    a dau o flaen ei dôr
yn derbyn y gwesteion lu;
    roedd murmur fel y môr

yn dod o lawr y neuadd fawr
    yn awr, dan olau'r nen,
ac yna bu i gwmwl du
    dywyllu'r lleuad wen.

Cerddai'r gwesteion at y ddau,
    a minnau yr un modd,
ond cydiodd un ohonyn nhw'n
    fy ngwddw; fy ngwahodd

i'r neuadd ddawns ni fynnai ef,
    rhag troi yn hunllef hwyl
y rhai a ddawnsiai mor ddi-hid
    o'n gofid yn eu gŵyl.

Gafaelodd yn fy ngwddw'n dynn,
    a chyda hyn y daeth
y llall yn nes, yn llawn sarhad,
    ac â bygythiad gwaeth.

Fy nhagu'r oedd â'i law fain, gref,
    llaw fain fy hunllef i,
a'i law esgyrnog ni lesgâi
    waeth faint y gwasgai hi.

Ond llaciodd ef yr afael gref:
    'Ni allwn d'oddef di,'
meddai, 'ac nid oes iti le'n
    ein hen gyfeillach ni.

I'n hysgwyd ni o'n trwmgwsg pêr
    â dwyster mawr y doi.
Rhag iti'n llethu ni â siom
    Dysgasom dy osgoi.'

Gofynnais: 'Pam na fynnwch chi
    i mi fod yn eich mysg?'
'Ni fynnwn yn ein hawddfyd her
    na dyfnder cerdd na dysg,'

a gefais i yn ateb swrth
    wrth droi oddi wrth y ddau,
ond mynnai'r ddau fy nilyn i
    gan ffromi, a pharhau:

'Ni fynnwn ar yr ynys hon
    ein hen atgofion gynt;
ni fynnwn ni dy gwmni di
    ddim mwy na gwegi'r gwynt.

Gwelsom dy long yn agosáu
    a'i hwyliau'n garpiau i gyd;
y rigin a'r hwylbrenni'n flêr
    wrth ddod o bellter byd.

Roedd ôl tymhestloedd ar bob mast,
    a'r ochrau'n llanast llwyr;
rhaffau blith draphlith drefn, a dec
    dy wrec i gyd ar ŵyr.

Gwelsom dy griw yn rhwyfo'r cwch
    wrth ddod at glydwch glan,
dy gargo oedd ein dagrau gynt
    a ddaeth drwy'r hynt i'n rhan.

Gwelsom y llong yn ymbellhau,
    a'i hwyliau'n garpiau i gyd;
aeth a gadawodd di'n ein plith,
    yn felltith o'r hen fyd.

Ysgerbwd oer dros grib y don
   yn llithro nes lleihau:
diflannodd fel y lleuad flith,
   fel lledrith yn pellhau.

Nid ynys yr addewid yw
   ein hynys ledfyw, lon:
heb arni fraw, heb arni frys,
   Gwales yw'r ynys hon.

Ni chei di ddod â baich dy ddysg
   i'n mysg; i ynys gudd
Gwales nid oes na gloes na dig
   a diddig yw ein dydd.

Cawn yma fod, cawn yma fyw
   mor rhydd ag ydyw'r gwynt,
a bwrw o'n cof bob lladd a llid,
   pob gwae a gofid gynt.

Pen diddan Bendigeidfran gawr
   bob ennyd awr o'r dydd
a gawsom ni yn gwmni gynt,
   a helynt byd ynghudd

tu ôl i'r ddôr, ond dros y môr
   daethost i'w hagor hi
a throist anghofrwydd mwyn a maith
   yn artaith llwyr i ni.

Ar Gernyw draw agori'n drws;
   o gwsg y lotws glân
deffrown i gyd i uffern goch
   ac ochain croch dy gân.

Aethost â ni i ffosydd Ffrainc
â'r ifainc ar eu hynt,
a'n daear ni'n un Rhandir Neb,
a'r byd yn gofeb gynt.

O'n Gwales deg datgelaist ti
gyrff yn corfflosgi'n fflam
a'r milwyr lloerig yn eu llid
yn erlid rhai â nam.

At Auschwitz y tywysaist ni
i'n sobri a'n dwysáu,
ac nid oedd gennyt, yn dy frad,
ddyhead i'n rhyddhau.

Ond ni adáwn i ffrwydrad bom
ddod rhyngom ni a'r hwyl
a gawn, cans mae pob dydd yn nhes
Gwales yn ddiwrnod gŵyl.

Ti yw'r ddrychiolaeth yn ein plith,
y rhith yn oriau'r hwyr;
ti ydyw'r gannwyll gorff, a'i phrae
yn chwarae yn ei chwyr.

Yr ellyll yn y llwydwyll wyt,
diawl wyt wrth ford y wledd;
dieflyn bach ac erthyl gwrach,
y bwbach wrth y bedd.

Ti yw'r gyhyraeth yn yr hwyr,
y ddelw gŵyr a'i gwae;
cŵn Annwn wyt â'u llygaid iâ
yn prowla am eu prae.

Gwegi i ti yw'r bywyd hwn;
    dwnsiwn sydd dan bob dawns;
sicrwydd nid oes, a'r lleuad wêr
    â'r sêr yn chwarae siawns.

Fe weli'r esgyrn dan y wisg,
    a than bob rhisg y pry';
fe weli di bob derwen wen
    dan eira'n dderwen ddu.

Un tro wrth hwylio ling-di-long,
    a'r llong yn blingo'r lli,
ehedai fry yr albatros
    yn agos atom ni.

Aderyn llaes, hen deyrn y lli'n
    ein dilyn ar y daith,
gan hedfran, hofran fry uwchben
    yn y ffurfafen faith.

Saethasom yr aderyn gwyn
    a'i dynnu'n swp i'r dec,
a gwawdiai un ohonom ni'n
    ei gloffni â'i goes glec

herc yr aderyn trwsgwl, trist;
    tynnem o gist ein gêr
a rhaffu'i gorff; rhoi pygliw du
    ar blu'r adenydd blêr.

Rhôi un ei bibell yn ei big
    yn llawn o ffrolig ffraeth;
gwatwar hen deyrn â'i getyn clai
    tra gwingai yntau'n gaeth.

Gosgeiddig wyt ar adain wen
    yn nen dy awen di,
ond trwsgwl fel yr albatros
    yn agos atom ni.

Yn gwmni ffraeth, rhigymu'n ffri
    a fynnwn ni fan hyn,
heb hidio am na phry' na phrae
    na gwae'r aderyn gwyn.'

Gadewais innau'r ddau ddi-hid
    i'w byd diofid hwy;
aethant i'w Gwales fel y gwynt:
    ni welais monynt mwy.

Y neuadd ddawns a aeth yn ddim,
    yn ddim yr aeth y ddau,
ac yr oedd llong dan leuad wêr
    a sêr yn agosáu;

ac roedd y lleuad uwch y lle
    yn bwrw'i gwe o gŵyr,
a'r nos yn llosgi yn y nen
    ei channwyll wen yn llwyr.

Epilog

Ymadael

Yfory dychwelaf; af yn ôl
yfory at fy myd cyfarwydd;
af yn ôl at fy nheulu,
yn ôl at fy anwyliaid,
yfory, ac mi fwriaf
fy angor i fôr cyfarwydd;
dychwelaf wedi'r siwrnai olaf dan sêr y nos
i hafan gyfarwydd hefyd.

Cyrhaeddodd y llong;
mae hi wedi angori yng nghwr
y lan am y nos.
Yfory i'm cyrchu daw cwch
a chymerant fi ymaith
o'r ynys arswydus hon,
ynys y pererinion.

Erbyn hyn bydd y criw'n wahanol,
efallai; bydd rhai cyfeillion
wedi mynd ymhell,
wedi mynd heb ddychwelyd mwy.

Rwy'n barod i ddychwelyd;
rwy'n barod i wynebu antur newydd,
a braint yw wynebu'r antur
newydd yn nydd fy heneiddio.

Nid yw'r ynys hon yn bodoli,
meddech, ond deuthum iddi
flwyddyn yn ôl, ac wrth imi ymadael â hi,
diogel yw fy mlodeugerdd,
a phrawf i'r flwyddyn ddwyn ffrwyth.

Ac rwy'n barod i wynebu her
wahanol, cyn i henaint
fy ngoddiweddyd, f'amddifadu o ddyddiau;
wynebu her newydd wrth i'r oriau brinhau,
wrth i'r haul hwyrhau.

Yfory gadawaf
yr ynys orfoleddus, lon;
yr ynys arswydus hon
a hwyliaf i gyfeiriad gorwelion
gwahanol, i borthladdoedd gwahanol,
ac i ynys amgenach,
ond ar fin yr un môr diderfyn â'i raean mân,
a'i draeth, a'i lanw a'i drai.

CERDDI
ERAILL

Paris: Tachwedd 13, 2015

1.

Ni oedd y genhedlaeth gyntaf i osgoi rhyfel byd;
    y Rhyfel Oer oedd ein rhyfel. Mor dawel â Duw
oedd y rhyfel hwnnw, drwy gydol y degawdau mud,
    ac yn gaeth i fygythiad y bom y buom yn byw.

Pan gyrhaeddodd cenhedlaeth arall, diolchem bob dydd
    nad oedd raid inni anfon ein meibion i'r un Rhyfel Mawr.
Hwy oedd ail genhedlaeth yr heddwch, a'u bywydau yn rhydd,
    nes yr hyrddiwyd dau adeilad goruchel yn un sgrech i'r llawr.

Dwy awyren, un dydd, â dur eu hadenydd ar dân,
    yn hollti dau dŵr, dwy awyren yn dymchwel gwareiddiad,
yn dryllio'r hen drefn, yn rhwygo'r holl fyd ar wahân,
    a throi pawb yn darged agored, ar drugaredd y lleiddiad.

Ni ddychmygodd fawr neb ohonom ar y pryd
mai fel hyn y cychwynnid y Trydydd Rhyfel Byd.

2.

Ers blwyddyn a rhagor buom yn talu gwrogaeth
   i'r rhai ifainc a aeth yn ffraeth eu lluoedd i Ffrainc;
heidio i'r gad, union ganrif yn ôl, ar anogaeth
   y seneddwyr a'u hysiai i'r lladdfa o esmwythdra'u mainc.

Dywedodd rhywun bryd hynny fod pob un o'r llusernau
   yn diffodd fesul un drwy Ewrop. Ond daeth rhyfel gwaeth
na'r rhyfel a anfonodd yr ifainc i fil o uffernau:
   y rhyfel a gynhelir ar awyren, ar drên neu ar draeth.

Mor wahanol yw'r Trydydd Rhyfel. Y rhyfel oer hwn,
   a dorrodd y bedd lle claddwyd diniweidrwydd y byd;
y llofruddio digydwybod, oer â bom neu â gwn,
   lle mae rhai yn gwrando ar grŵp, neu yn rhodio'r stryd;

ac mae'r lampau eto, wrth i ddyn ei ddinistrio'i hun,
ym Mharis y meirwon yn diffodd o un i un.

Blwyddyn Newydd

Daeth yn amser i ni gadw'r goeden a ffarwelio â'r Ŵyl;
    diffoddwyd, gan dywyllu aelwydydd, yr holl oleuadau;
distaw yw nodau'r carolau, eco yw'r hwyl,
    a'r plentyn noethlymun a thlawd y tu hwnt i'n dathliadau.

Ond fe roesom groeso i blentyn arall o'i grud,
    dathlu'i ddyfodiad, ei groesawu yn sŵn gorfoleddu,
cyn i'w grud droi'n arch, cyn troi'n fomiau ei deganau i gyd,
    gan agor cyfandir o fedd cyn awr ei ddiweddu.

Mor hawdd inni ddigalonni wrth ddyheu am lawenydd,
    wrth chwilio am dangnefedd meddwl yn y lladdfa faith:
chwilio, yn y cyfnos blin, am ryw wawr ysblennydd
    i oleuo ein dydd rhag tywyllwch a pheryglon y daith;

ond gobeithio sydd raid, rhag inni wallgofi i gyd:
blin yw pob ffordd heb oleuni; diffaith heb obaith yw'r byd.

Argyfwng y Diwydiant Dur

Dur a glo a daear gwlad a weldiwyd
   i fowldio'n cymeriad;
  darfu'r holl byllau, drwy frad;
  heriai'r dur bob rhyw doriad.

Amaeth y tir a'n clymai yn genedl;
   dur gwynias a'n hunai;
  y glo eirias a'n hasiai,
  glo'n tir yn goleuo'n tai.

Dur a glo yn drigleoedd; haenau dur
   yn dai ac yn werthoedd
  i'n cynnal, rhag drycinoedd:
  mwy na dur, cymuned oedd.

Glo a dur, nid gwladwriaeth, a feddem;
   gweithfeydd, nid llywodraeth;
  dioddef, nid gwleidyddiaeth,
  ond dydd diwydiant a aeth.

Y dur oedd, er budreddi, yn cynnal
   ein cenedl mewn tlodi:
  dur oedd ein dinasoedd ni,
  y dur hefyd yn drefi.

Dur oedd ein daearyddiaeth, haenau glo
   ein gwlad yn hunaniaeth,
  ond y glo diogel a aeth;
  darfu'r dur, drwy fradwriaeth.

Dur a glo a daear gwlad a'n hawliai
   yn hil, ond diflaniad
  y dur yw ein dirywiad,
  y darfod hurt ar dref-tad.

I Weinidog ar fin Ymddeol

Anwadal ydyw'r galon, anwadal
    fel eneidiau dynion;
    nid yw crefydd ond crafion,
    nid oes heb ffydd grefydd gron.

Gwelodd fflam sawl ffydd wamal yn pylu
    yng nghapeli'i ofal,
    ond Duw nid yw'n mynnu'i dâl,
    Duw nid yw'n mynnu dial.

A ninnau mor hunanol, a'n ffydd ni
    a'n gweddi'n negyddol,
    mae ei ffydd, heb amau ffôl,
    yn Nuw mor gadarnhaol.

Rhy feddal yw'n crefydda, a'n Suliau
    disylwedd mor dila:
    dyn nid oes na doniau da
    i adfer cyffro'r oedfa.

Ffydd ddi-feth yw ei ffydd fyw, a ninnau,
    ddynionach, mor lledfyw;
    nid ei ffydd ddedwydd ydyw
    ein ffydd annedwydd yn Nuw.

Gweinidog ei enwadaeth ydyw hwn,
    dyheu am ofalaeth
    Duw i ni erioed a wnaeth
    gweinidog y genhadaeth.

Hen feudwy mewn oes fydol; cennad gras
    mewn oes fas, anfoesol;
    gwas Duw nad yw'n gystwyol
    o ddydd mor ddi-ffydd o ffôl.

Nid gweinidog anwadal mohono,
    cans mynnai eu hatal
    pan âi defaid ei ofal
    drachefn a thrachefn ar chwâl.

Ni'n mentro mynd draw ymhell o'i afael
    i gynefin deuwell,
    ac amau'n ein hargymell
    i brofi o hyd borfa well.

Â'i ddiadell mor ddihidio, mor anodd
    oedd ymroi'n ddiflino;
    er ei ffydd, roedd praidd ar ffo
    yn galed i'w fugeilio.

Mae i ddyn awr hamddenol, awr o saib,
    rhyw Saboth beunyddiol;
    heb gael dynion eto'n ôl
    i Dduw nid oes ymddeol.

Da was; dan ysbrydiaeth Duw rhoddodd ffordd
    ddi-ffael rhag pob distryw,
    ond gwas o weinidog yw,
    gweinidog yn Nuw ydyw.

I Linda Sidgwick

(ar achlysur ei hymddeoliad o Adran y Gymraeg, Abertawe,
lle bu'n dysgu'r Gymraeg fel ail iaith am chwarter canrif)

Hanfod Cymreictod yw'r iaith; ein hanfod
　　rhag i'r genfaint ddiffaith
　chwalu'r winllan; rhag anrhaith
　y moch drwy'r canrifoedd maith.

Os yw'r iaith, er pob sarhad, yn enaid
　　cenedl ac yn dreftad,
　yn dy law, rhag dilead,
　diogel yw enaid gwlad.

Nid ail iaith dy genedl yw dy iaith di;
　　nid iaith dawel, ledfyw,
　ond iaith a thafodiaith fyw
　dy wlad; ein hanadl ydyw.

Nid ail iaith yw dy iaith di; darlithiaist
　　ar ail iaith nes iti
　droi'n hail iaith a'i holl deithi
　yn iaith frodorol i ni.

Troi'n frodorion estroniaid a wnaethost;
　　hen iaith dy hynafiaid
　yn famiaith rhwng dieithriaid;
　gwarchod Cymreictod o raid.

Ein mur oedd dy ymroddiad: mur ogylch
　　y Gymraeg yn wastad;
　gweithiaist rhag pob bygythiad,
　a bydd o'r herwydd barhad.

Prifardd Diawlineb Rhyfel

(i gyfarch Aneirin Karadog ar achlysur ennill
Cadair Eisteddfod Genedlaethol y Fenni, 2016)

Un bardd a greodd ein bod,
un henfardd oedd ein hanfod,
a'i gerdd gynt a greodd gof,
mewn hen agen o ogof
gyntefig, gaeedig gynt,
o'i mewn roedd ubain meinwynt,
ac nid oedd drwy oesoedd hon
iaith ar gael i'w thrigolion.
Goleuodd â'i ffagl awen
a chreu cof o'n hogof hen,
a llanwodd â sŵn llinach
ogof oer trigfa ei ach,
a'r cof yn ei hogof hi
i linach yn oleuni.

Dechreuad ein treftadaeth
oedd un gad, treftad Catráeth;
Catráeth ein hunaniaeth ni,
dryswch ein cydoroesi
yn wyneb pob gelyniaeth,
dan orthrwm trwm pob Catráeth,
a chrëwr ein dechreuad
yn gwarchod hanfod tref-tad.

Bardd gwâr mewn byd anwar, dig,
etifedd greddf gyntefig
ein hil, yn gynnil â'i gerdd
yn agor ein blodeugerdd,
yn cofio'r llanciau ifanc
a aeth i Gatráeth eu tranc:
Aneirin y gân wrol
yn coffáu'r holl lanciau ffôl,
a'r awen o'i dechreuad
yn goch gan feirwon y gad.

Gwelodd frain uwch celain cad
â'i hogof wag o lygad;
gwelodd goludd y gelain
yn rhaff ar ylfin y rhain;
y gwŷr yn glwyfedig oll,
a'r meirch yn drwm o archoll;
clywodd ef sŵn cleddyfau
dyfal yn sisial nesáu,
cleddyfau'n cloddio hefyd
ym mhennau mamau o hyd.

A thrwy'r oesoedd rhuthrasant
drachefn i frwydro'n dri chant
ar ôl trichant, a'u hantur
yn fflach a chlindarddach dur,
a'r rhai hŷn yn prysur hel
y rhai ifanc i ryfel:
y rhai na chawsant einioes
a yrrai'r rhai hir eu hoes
i'w hangau trist yng Nghatráeth,
i weryd diarwriaeth,
a Chatráeth ein slachtar oedd
Auschwitz a Somme yr oesoedd.

Catráeth yr arwriaeth oedd
yn rhyfel drwy'r canrifoedd,
a'r rhyfel cynnar hefyd
yn parhau, amlhau o hyd:
rhyfel hir na ddarfu'i ladd,
cenhedlaeth cyn ei hadladd
yn bwrw i'r âr hedyn brau
i'w fedi yn fywydau.

Diwerth oedd bywyd ieuanc
y rhai a gyd-droediai i'w tranc,
diwerth erioed wrth yr hen,
diwerth fel Wilfred Owen;
ac aeth rhyfel ag Ellis,
hela'r prae heb holi'r pris,
a throi'r Ysgwrn trwy'r dwrn dur
yn dŷ â'i lond o wewyr,
yn gartref o hunllefau,
yn gartref dioddef dau.

A daeth terfysgaeth ar fyd,
a daeth eithafiaeth hefyd:
mewn un man, trichan Cátraeth
yn esgor ar gynhysgaeth
o ryfel, i ryfel barhau,
i drais galedu'r oesau.
I Gatráeth gynt yr aethant,
ac i waeth Catráeth yr ânt,
a phlant yw trichant yr oes,
ifanc yw'r meirwon cyfoes:
Catráeth ar draeth neu ar drên,
neu dŵr dan hollt awyren,
a thrais Catraethau'r oesoedd,
y trais yn ein natur oedd.

Daeth Aneirin gwâr arall
a'i lid megis llid y llall
at rai a gredai mewn grym,
ond tadau i'n plant ydym.

Prifardd diawlineb rhyfel,
Aneirin yw'r un a wêl
yn anad neb nad un wâr
yw'r oes gyntefig dreisgar.
Trais a grym a wêl trwy'i sgrin
yn Syria ein hoes erwin,
a'i thir hi i'w thras wrth raid
yn dir i ffoaduriaid.

Artistiaid yw protestwyr
pob oes, rhag anfoes rhai gwŷr.
Y beirdd yw haneswyr byd
a chof pob llinach hefyd.
Yn rhan o bob trueni
yr un yw'n Haneirin ni
â chynharach Aneirin,
a'r ddau drwy'r oesau yn un,
a'r ddau hyn, trwy'u barddoniaeth,
yn troi o olwg Catráeth.

Er Cof am Tony Bianchi

I'n tir y gwynt a yrrodd aderyn
o'i dir, ac arhosodd
er gaeaf hir; ac, o'i fodd,
yn ein hiaith ni y nythodd.

Er Cof am Gwyn Thomas

Â'i groen fel hen grawennau, a'i wyneb
mor grin â thirweddau
gerwin a blin y Blaenau,
ddiwedd oes, un oedd y ddau.

Mair Eluned Pritchard

(athrawes Daearyddiaeth yn Ysgol Botwnnog gynt,
priod T. Emyr Pritchard, athro Cymraeg yr ysgol)

Gwelai â'i dysg o'i gwlad wâr holl wledydd
y byd llydan, lliwgar:
o'i drws gynt, un filltir sgwâr
ddiddiwedd oedd y ddaear.

Y Bardd-arlunydd

(i gyfarch Wyn Owens ar achlysur cyhoeddi ei gyfrol, *Cywain Geiriau*)

Yr oedd bro yno unwaith,
ac roedd i'r fro honno'i hiaith
ei hunan, iaith ei henaid,
iaith yr holl wladwyr wrth raid,
ac roedd yno gymdogaeth,
pob dyn i'w gyd-ddyn yn gaeth.
Â'r Gymraeg yma erioed
yn hynafol o gyfoed,
iaith oedd i fferm a thyddyn,
iaith i'r holl amaethwyr hyn
a fu'n hau hadau'n ei hâr,
hau hen ddoeau'n y ddaear.
Gwladwyr y gwerthoedd oeddynt
mewn dau gae'n gymuned gynt;
eiddo'r hen ddaear eu hiaith,
eiddo'r rhain oedd yr heniaith,
yr iaith a warchodai'r ach
yn ddi-ball, ond roedd bellach
gymuned wag am nad oedd
i forthwyl di-gof werthoedd.
Daeth y rhai dieithr i'w hynt,
chwilio am eiddo'r oeddynt,
ac aeth y gymdogaeth dynn
yn llac, heb ddim ond llecyn
neu ddau o'r hen, hen ddaear
yn weddill i'r gweddill gwâr.

Y mae'r drôm ar dir amaeth,
cladd Trecŵn a geidw'n gaeth
y tir i filitarwyr
a'r caeau i danciau dur.
Moel yw erwau milwriaeth,
olew trwm yw ymyl traeth.
Pan gollir tir, collir cof,
a'r iaith gan hynny'n frithgof;
trwy angau cof daw tranc iaith
yr hil nas genir eilwaith.

Ond daeth un o blant ei thir
i anhedd-dai mynydd-dir
ei fro'n ôl; adfer a wnaeth
dirweddau â'i fydryddiaeth;
ail-leisio'i iaith fesul sill;
cryfhau'r ffiniau â phennill.
Hawliodd yn ôl ddoe ein hiaith,
hawlio'i dreftadaeth eilwaith.

Kyffin ei gynefin yw;
Waldo'i wlad a'i hil ydyw
yn paentio, arlunio'i lên,
lliwio llinellau'i awen
a dylunio'i delyneg
fesul gwead ara' deg.
Ei oriel yw erwau'i wlad,
yntau, trwy rym pob paentiad
o'i eiddo'n hyrwyddo'r ach,
arlunio erwau'i linach,
a pharhau'n un bwrlwm ffraeth
y mae deugae'r gymdogaeth.

Undod yw'r tafod â'r tir;
undod yw'r iaith â'r gweundir.
Lle bo'r tir yn llawn hiraeth
mae cenedl yn genedl gaeth.
Â gwahanfur ei gynfas,
rhag haid estroniaid, i'w dras
ef yw'r dewraf ei safiad,
prydydd-arlunydd ei wlad
ag olew'n gwarchod brodir,
â phaent tew'n amddiffyn tir.
Â'i fframiau yn gloddiau gwlad,
fframiodd, yn braff ei rwymiad,
gynfasau gwyn ei feysydd,
troi'n ddarluniau'r caeau cudd
â'i baent, a thrwy ei bwyntil
fframiodd holl ffermydd ei hil;
dal iaith y genedl, hithau,
o ffrâm i ffrâm i'w pharhau.

Lle bo cydweithio rhwng dau
gymydog y mae edau
rhyngddynt o berthyn; tra bo
edau wrth edau'n cydio,
diogel yw'r aelwyd glòs,
deugae'r gymuned agos.
Llun iddo yw llenyddiaeth,
delweddu trwy'r canu caeth
y fro anferth ei gwerthoedd,
o'i hail-greu fel ag yr oedd,
yn ei oriel, gwehelyth
Mynachlog-ddu a bery byth:
oriel lên o ddarluniau
a rhin y rheini'n parhau.

I Wyn a Marged

(i ddathlu 55 mlynedd o briodas)

Y cariad ifanc eirias a'u hunodd
yn nhân eu perthynas;
er yn hŷn, yr un yw'r ias
heb rwd ar fodrwy'r briodas.

I Marged

(i ddathlu ei phen-blwydd yn 75 oed, Mai 2017)

Er ei hoed y mae'r goeden yn ifanc
a'i haf yn anorffen,
a'i thylwyth yw ffrwyth ei phren,
a'i thylwyth yw ei heulwen.

Glas y Dorlan

(uwch afon Tawe yn Nhreforys)

Gwelais ei follt yn hollti brwyn a hesg
ar brynhawn o Fedi,
a hawdd fy argyhoeddi
na welais a welais i.

Elwyn

(i J. Elwyn Hughes)

Nid oes Cymro rhagorach nag Elwyn,
  na 'sgolor manylach,
  na neb mor ffyddlon i'w ach,
  na hanesydd hynawsach.

Hanesydd, cymwynaswr; golygydd,
  ysgolhaig, brogarwr
  diguro, a gwladgarwr,
  a hyn i gyd mewn un gŵr.

Deilwen

(ar ei phen-blwydd ym Mai 2017)

Gwraig wâr a hawddgar ei gwên; o'i hachos
  agos yw Bryn Ogwen,
  a llawn cerddoriaeth a llên:
  y teulu yw byd Deilwen.

Tad y Cynulliad

(er cof am Rhodri Morgan)

Y cam a wnaed â'r cymoedd a roddodd
        ruddin i deuluoedd,
    a thrachwant diwydiant oedd,
    er y gwarth, yn creu gwerthoedd.

Cymoedd y tlodi oeddynt, a'r gweithlu
        ar ei gythlwng ynddynt:
    y cymoedd nad oedd iddynt
    ond byd llwm a gorthrwm gynt.

Diwydiant yn ei anterth, a'r werin
        mor wir ddiymadferth,
    heb undebau ond aberth;
    heb blaid nac enaid na gwerth.

Nid taeog oedd Cwm Tawe yn nyddiau'r
        gweithfeydd ond cadarnle
    cymoedd ardaloedd y De;
    daear waedlyd yn droedle.

Cwm y gorthrwm trwm a'r trais, a'r gweithiwr
        mor gaeth yn ei harnais,
    a phob twrn wrth y ffwrnais
    yn tanio, goleuo'r Glais.

Cwm lle bu i weithluoedd fagu'r reddf
        i greu cadarnleoedd:
    cwm unol, milwrol oedd,
    tir i draed Rhodri ydoedd.

Dylifent i'r Blaid Lafur i gael llais
        a gwellhad rhag dolur
    llosgiadau ei weithiau dur
    a dwst ei lo didostur.

Cwm ei dad a'i gyndadau, yno'r oedd
ei holl ruddin yntau;
yno'r oedd yr hen wreiddiau:
plant y cymoedd oedd y ddau.

Etifeddodd ymroddiad y werin
yng ngwawr ei ddeffroad:
rhag trais, deisyfai safiad
Cwm Tawe, cadarnle'i dad.

A'i werthoedd, glynai wrthynt, y gwerthoedd
yr oedd dyfnder iddynt:
gwerthoedd Cwm Tawe oeddynt,
gwerthoedd cwm y gorthrwm gynt.

Rhodri yw'r un a frwydrodd am ryddid;
ymroddi o'i wirfodd
i roi i holl Gymru'n rhodd
Gynulliad, ac enillodd.

Hwn oedd yr un i noddi senedd rydd:
arweinydd gwâr inni
a thad ein Cynulliad ni
yn nydd rheidrwydd oedd Rhodri.

Rhoddodd sail i'r adeilad; chwarae'i ran
a chreu o'r Cynulliad
gadarnle rhag dilead,
cadarnle Cwm Tawe'r tad.

Rhoes sail nas codir eilwaith, a rhoes sail
i'r sosialaeth berffaith;
gan hyn, yn graig i'n heniaith,
Rhodri oedd parhad yr iaith.

Ymroi i roi'r Gymru rydd inni oll,
a'r Cynulliad celfydd –
dechreuad yw, a Chaerdydd
i ni'n rhoi Cymru newydd.

I Dafydd

(ein mab ieuengaf yn 35 oed, Mehefin 2, 2017)

Yn wyth, yn ddeunaw weithiau, yn agos
at ugain ar brydiau,
yn bymtheg ar adegau,
hŷn nid wyt i ni ein dau.

Andrea Bocelli

Yn dawel y gwrandewais; gwêl liwiau
â'i glyw a'i felyslais;
ei fentor yw'r anfantais:
enaid a llygaid yw'r llais.

Manceinion: Mai 22, 2017

Ofer yw ein dolefain a'n dicter;
ofer yw ein llefain
a'n rheg: mil dyfnach na'r rhain
oedd rhwyg y ddau ar hugain.

Mabel

Ni ddwedai'r un gair ar goedd; trwy'i hoes gudd
    trôi i osgoi'r tyrfaoedd:
    i'n byd, diwyneb ydoedd,
    ond i'r byd nid modryb oedd.

D. J. Bowen

(ysgolhaig ac arbenigwr ar y Cywyddwyr)

Taerai, wrth warchod tiroedd ein heniaith
    mai'r gynghanedd ydoedd
    ei thrysor, a thrwy oesoedd
    taeog yr iaith, gwlatgar oedd.

Etholiad 2017

Bu farw hanes. Prydain yw ein parhad.
  'Un blaid ac un bobol ydym,' meddai hi
wrth alw'r etholiad, ar ôl iddi grwydro ein gwlad,
  gan fygwth dileu ein treftadaeth a'n hunaniaeth ni.

Heddiw cymysgliw yw'r map. Gwyrdd yw lliw'r iaith,
  tra bo cymoedd y De yn goch o sosialaidd i gyd
(a Môn, y famynys), gan arddel traddodiad maith,
  a glas yw siroedd y gororau hwythau o hyd.

Ffaeledig yw ei phlaid, y Deresa drahaus.
  Suddwyd ei llong gan dorpido'r wleidyddiaeth dro pedol,
a heddiw mae'n gorwedd, yr un mor wleidyddol drofaus,
  â phlaid y gwrth-hoywon, a'r ddwy yn un blaid gydweithredol.

Ynghlwm wrth wleidyddiaeth Lloegr, pa obaith sydd
inni fod yn genedl iach, yn genedl rydd?

I Eleri Davies

Meddyg Teulu yn Rhydaman
(ar achlysur ei phen-blwydd yn hanner cant)

Cawsom ei gofal cyson, a chawsom
    ei chysur, yn gleifion,
    a chael, gan mor hael yw hon,
    ei hymgeledd twymgalon.

Gofal mam yn Rhydaman a roddodd
    i'r eiddil a'r truan:
    dyfal ei gofal i'r gwan,
    gofal i ardal gyfan.

Estyn einioes dan anaf; diweddu'r
    cystuddiau creulonaf;
    i'r llesg, rhoi'r gobaith eithaf,
    ac ail oes i bob rhyw glaf.

Hon yw'r wraig a fawrygant, ac i'r wraig,
    gwrogaeth a roddant;
    y wraig a werthfawrogant
    yw'r wraig hon sy'n hanner cant.

Gwenllian

Tywysoges, Saesnes oedd,
yn hanu o frenhinoedd;
heb un gaer, heb un goron,
aeres ddihanes oedd hon,
a'i chrud yn gaethglud, yn gell,
a'i chofeb oedd ei chafell.

Â'i rhieni'n estroniaid,
yr oedd yn estron o raid,
a'r ferch i'r dewraf o wŷr
a fagwyd gan orchfygwyr
ei thad; amddifad oedd hi,
a Mair oedd Cymru iddi.

Ac yng nghrud ei halltudiaeth,
yn fythol, dragwyddol gaeth,
yr oedd ein Cymru eiddil,
hi oedd yr olaf o'i hil,
y ferch frenhinol olaf,
aeres ac arglwyddes glaf.

Yn Sempringham heb famiaith
na chof na chenedl ychwaith,
heb dad na threftad na thras
na'r un darn o'i hen deyrnas,
nac un llu, hi, Gwenllian,
oedd ein llys, a'n llys yn llan.

Iaith ddieithr oedd iaith ei thras,
iaith beirdd yn iaith heb urddas;
â Lladin, cynefin oedd;
di-nod â'i Lladin ydoedd,
a'i Lladin oer a'i llediaith
Seisnig hi'n dihoeni'n hiaith.

Â'i llinach yn lleianod,
heb werth nac ystyr i'w bod,
yr oedd brenhinoedd yn neb,
un cwfaint oedd ein cofeb:
priordy'n Gymru i gyd,
Rhufain yn Gymru hefyd.

Nid oedd gwlad. Diweddglo oedd
i'n hanes a'n brenhinoedd,
ond ei gwlad a'i galwai hi,
o gôl Mair i Gilmeri
i ail-greu ein dechreuad
lle bu merthyru ei thad.

I Tristan Llew

(ein hŵyr bach, yn un oed ar Awst 7, 2017)

Nid oedd ein dydd na diddan na dedwydd
cyn dod yr un bychan
atom, ac ynom yn gân
trwy Awst mae enw Tristan.

Mae'r bore'n fore dedwydd, mae'r prynhawn
yn llawn, llawn llawenydd,
a'r hwyr yn wefr oherwydd
Tristan, a diddan yw'r dydd.

Ti, Awst, â'th wyddfid sidan, yw'n hoff fis,
hoffusach na'r cyfan:
ti a roist inni Tristan
yn rhodd. Daeth bendith i'n rhan.

Y Gaer

(i ddathlu pen-blwydd
Tŷ Tawe yn 30 oed)

Nid cynefin yw dinas;
nid rhwydd yw amddiffyn tras
yng nghanol ei heolydd
a'u stŵr a'u dwndwr bob dydd:
gwâr yw'r gymuned wledig
ond atgas yw'r ddinas ddig.

Coethach a chryfach yw'r iaith
yn y mannau mwy uniaith:
nid oes raid i'w siaradwyr
o'r crud ymyrryd â'r mur:
gall daear wâr, gyfarwydd
warchod Cymreictod mor rhwydd.

Nid hynny yw braint dinas;
nid tir yw, nid troedle'n tras:
trwy drachwant diwydiant, aeth
y ddinas ddiwahaniaeth
â'n Cymreictod o'n brodir,
a beth yw iaith heb ei thir?

Un môr o Seisnigrwydd maith
yw'r ddinas, lle'r oedd unwaith
lanw Cymraeg olynol;
aeth y llanw hwnnw'n ôl:
yn nhonnau'r môr, hunaniaeth
yn drai diystyr a aeth.

A'r trai pell yn llinell lwyd,
yn gadarn, caer a godwyd:
codi'r gaer rhag dicter gwynt,
creu caer i herio cerrynt
y môr hwn, â'i muriau hi
yn glawdd diogel iddi.

Y gaer hon, dysgwyr yw hi;
heniaith, nid caer mohoni,
a'r rhain sy'n dysgu'r heniaith
a rydd yfory i'r iaith;
i'n tras fe rônt oroesiad,
a rhônt i'r genedl barhad.

Ac mae'r gaer yn agored
i'r hil oll â'i phyrth ar led,
a'r gaer a fydd, trwy gryfhau,
yn rhwystro'r môr â'i muriau:
cadarn, fel ffin y ddinas,
yw'r clawdd rhwng Hafod a'r Clas.

Fesul gair, ailgyfeirir
yr heniaith eilwaith i'w thir,
a Dyfnant, fesul defnyn,
trwy ennill iaith, yn troi'n llyn,
yna'r llyn a fyn droi'n fôr
o Gymraeg yma rhagor.

Ym môr y Seisnigrwydd maith
hi yw ynys ein heniaith;
dinas wyllt, ond ynys wâr;
yn sŵn trafnidiaeth, seintwar
i'n hanes, lloches i'n llên,
a thŷ cwmnïaeth awen.

Y tŷ yw diwylliant hil;
deil un genedl, yn gynnil;
iddo geiriau'n seiliau sydd
a geiriau yw'r magwyrydd;
idiomau'n ei drawstiau'n drwch
a'i gerrig yw gwladgarwch.

A dinas gymwynasgar
yw'r ddinas; cymwynas wâr
â'r iaith oedd iddi roi'i thŷ
yn nawdd, i'w hadnewyddu,
a chynefin yw'r ddinas:
Tŷ Tawe yw troedle'n tras.

I Diane Evans

Cyfarchiad Pen-blwydd
(bu fy ngwraig yn ei dysgu yn Ysgol Gymraeg Bryn-y-môr yn Abertawe,
ac yn awr mae Diane yn dysgu ein hwyres ni yn yr un ysgol)

Mae'r un a fu'n fy anwes yn ddisgybl
    yn addysgu wyres
    i mi, ac rŷm ni yn nes
    o'i throi hi yn athrawes.

A chrwn yw'r cylch o'i rannu ag eraill,
    ac mae'r geiriau'n tyfu
    yn rhan fawr o'r hyn a fu,
    yn rhan fawr o'n hyfory.

I'r ysgol yn ein holau mwy yr awn,
    ac mae'r un hen furiau
    yn dal iaith cenedlaethau:
    cylch crwn yw hwn sy'n parhau.

Fel y'th ddysgais, dysgaist ti fy wyres;
    rhoi'n hiaith firain iddi,
    a'n hundod annatod ni
    ein tair nid yw yn torri.

Pa athrawes gynhesach na Diane?
    Nid oes neb addfwynach,
    na gwell athrawes bellach
    nag athrawes f'wyres fach.

I Gyfarch Gareth Richards

(ar achlysur ei ymddeoliad)

Â'i wasg, yn ewyllysgar, hwn a roes
    i'r iaith eto seintwar,
    a bu'i wasg gymwynasgar
    yn troi ein cwm yn gwm gwâr.

Hwn, trwy ei *Lais*, a geisiai adfer iaith;
    hyd y fro a garai
    y *Llais* a ewyllysiai
    lanw trwm o flaen y trai.

Ei hadfer fesul modfedd a llathen;
    ennill iaith, a throedfedd
    yn troi'n filltir o dirwedd;
    ennill yn ôl Gastell-nedd.

Ym mhapur hwn mae parhad y Gymraeg
    ym mro'i darostyngiad:
    mae ein sir mewn mân siarad
    ac mewn mân glebran mae gwlad.

Mân siarad yn dreftadaeth; newyddion
    yn nawdd a gwarchodaeth;
    o fân sôn dynion y daeth
    teulu'n gymuned helaeth.

Â'i wasg, er gwaethaf llesgedd y Gymraeg,
    o ymroi'n ddiddiwedd,
    diwyllio a wnaeth Gastell-nedd;
    hawlio'r Cwm uwchlaw'r camwedd.

Ac i'r gorau o garwyr y Gymraeg,
    mae rhyw egwyl segur;
    gwyliau i'r gorau o'r gwŷr,
    a'r gorau o frogarwyr.

Nadolig Dau

Unig oedd Nadolig dau; Nadolig
    unig, dideganau;
     Gŵyl â'i hwyl wedi pellhau,
     heb Siôn Corn, heb sŵn carnau.

Ond diddig eto oeddynt, fe ddaeth ŵyr,
    fe ddaeth wyres atynt –
     y ddwy rodd orau iddynt,
     fel eu hogiau hwythau gynt.

Eu Gŵyl unig a lanwyd â'r hen hud,
    a'r naws a ailgrëwyd:
     Nadolig lond eu haelwyd
     i roi lliw i'r tymor llwyd.

Diddig yw Nadolig dau; Nadolig,
    diddig, fel eu dyddiau;
     Gŵyl lawn hwyl, o lawenhau;
     llawn Siôn Corn, llawn sŵn carnau.

Calendr Adfent

Mae gen i galendr sy'n ffenestri i gyd:
drwy agor y rhain y daw Rhagfyr a'i hud

i lenwi'n calonnau, i gyniwair drwy'n tai;
er gwneud hyn bob blwyddyn, nid yw'r lledrith yn llai.

Wrth agor pob ffenest fesul un,
cyrhaeddwn, gan bwyll, y Nadolig ei hun.

Mae pump ar hugain i'w hagor o'r rhain
rhwng y rhesi canhwyllau a'r cardiau cain,

ac ymhob ffenest, o'i hagor hi,
y mae dymuniad fy nghalon i.

Rhagfyr 1:   Agoraf y ffenest gyntaf un
a'r rhodd ynddi hi yw brawdoliaeth dyn;

brawdoliaeth yn cydio dwylo ynghyd
nes bod cadwyn o ddwylo'n cwmpasu'r byd,

cylch didor o ddwylo, a'r holl ddaear hon
fel carreg ddrudfawr yn y fodrwy gron,

a'r briodas ddiysgar rhwng daear a dyn
yn briodas berffaith, yn gyfeillach gytûn.

Rhagfyr 2:   A dyna'r ail lun: y blaned yn lân,
a dyn a'r ddaear yn byw'n ddiwahân,

heb dagu'r trai ag olew trwm
na throi fforestydd yn rhostir llwm.

Rhagfyr 3:   Yn y drydedd ffenest, croesi pob ffin
y mae'r ffoaduriaid, rhag y bleiddiaid blin

sy'n eu herlid a'u hela, ac yn udo o'u hôl,
ac mae gwledydd y byd yn eu cymryd i'w côl.

Rhagfyr 4:   Y pedwerydd darlun yn y calendr hwn
yw'r darlun o gorryn â'i we ar bob gwn;

y ffatrïoedd arfau ar gau i gyd,
pob bom yn y domen, a heddwch drwy'r byd.

Rhagfyr 5:   A'r heddwch hwn yw'r bumed rodd
i fyd tangnefeddus, i fyd wrth ei fodd;

tangnefedd a hedd drwy'r hen ddaear hon,
llawenhau, trugarhau ar hyd daear gron;

heddwch yn taenu amdanom ei rwyd,
a phren y balmwydden i'r golomen yn glwyd.

Rhagfyr 6:   Nadolig dihiliaeth a llawn cariad sydd
yn y chweched ffenest, a gobaith a ffydd,

ac nid oes casineb gan ddyn at ddyn
am ei fod yn wahanol iddo ef ei hun.

Rhagfyr 7:   Diddymu pob anghyfiawnder a fyn
y seithfed ffenest o'r ffenestri hyn.

Rhagfyr 8:   Yr wythfed rodd: dileu i'r eithaf drais
yn erbyn y plentyn nad oes iddo lais.

Rhagfyr 9:   Y nawfed yw dychwel i Ewrop drachefn
rhag datod yr undod, rhag dryllio'r hen drefn.

Rhagfyr 10:   Yn ffenest agored y degfed dydd
rhag hiliaeth filain yr hen Brydain brudd,

mae fy nghenedl yn rhydd, heb fod ynghlwm
wrth wladwriaeth drahaus nac wrth guriad un drwm

sy'n gyrru'r holl Gymry yn filoedd i'r gad
er mwyn ymerodraeth, er mwyn ei mawrhad.

Rhagfyr 11: Diddymu pob tlodi yw'r rhodd nesaf un,
a haelioni'n lledu drwy holl deulu dyn.

A'r rhai a drigai gynt ar y stryd,
heb loches ond blwch, ar aelwydydd clyd.

Hoffwn weld pethau eraill, er nad oes modd
cyflawni'r un wyrth na gwireddu'r un rhodd.

Rhagfyr 12: A hiraethu'r wyf ar drothwy'r Ŵyl
am y rhai a rannai, bob Nadolig, yr hwyl

a'r miri tymhorol a'r llawenydd a fu
yn tasgu drwy'r tinsel, yn pelydru drwy'r tŷ;

dyheu am i'r rhai a fu'n dathlu dydd
y Nadolig ddychwelyd yn yr ysbryd yn rhydd

i ddathlu eto'r hen gyffro gynt
cyn i'r cyffro hwnnw ddiflannu i'w hynt.

Rhagfyr 13: Hoffwn fod yn blentyn bach eto fy hun
yn deffro ar ddydd fy llawenydd yn Llŷn.

Yn lle byw ar atgof caf eto fod
yno'n breuddwydio am y bore i ddod.

Rhagfyr 14: Yn fwy eiddgar fyth, hoffwn weld Ffion Haf
yn chwarae eto â'i ffrind bach claf,

yr un y daeth marwolaeth mor rhwydd
i'w chipio ymaith cyn ei chweched pen-blwydd.

Rhagfyr 15:   Yn y ffenest nesaf mae plant bach Bryn-y-môr,
a'r angylion o'u deutu, yn canu'n un côr

yn eu cyngerdd Nadolig, wedi eu gwisgo i gyd
yng ngwisgoedd lliwgar plant bach y byd.

Mae deg ffenest yn rhagor i'w hagor o hyd,
ac mae stori'r geni'n y ffenestri i gyd.

Ac yn y rhain y geni yw'r rhodd,
y rhodd i'r ddynoliaeth gan Dduw o'i fodd,

a'r rhodd o'i fodd yw ei fab Ef ei hun,
ac rwy'n gweld y Nadolig cyntaf un:

Rhagfyr 16:   yr angel Gabriel yn dod â'r gair
y genid un bach, heb gyfathrach, i Fair;

a'i adenydd yn lledaenu amdani'n dynn
gan ei thynnu i ganol y gogoniant gwyn;

Rhagfyr 17:   a hwythau'r bugeiliaid yn dod, yn dorfeydd,
i gael cip ar ryfeddod y Mab o'u porfeydd.

Rhagfyr 18:   Yn y ffurfafen y seren sydd
yn goleuo'r nos fel canol dydd,

Rhagfyr 19:   a hwythau'r Doethion ar yr un hen daith
er bod y siwrnai i Fethlem mor faith.

Rhagfyr 20:   A gwelaf y wyryf ddilychwin ei hun
yn cnawdoli Duw, yn cenhedlu dyn;

Rhagfyr 21:   y Duwdod yn cysgu ar wely o wair,
                        a'r bydysawd yn gyfan ym maban Mair.

Rhagfyr 22:   Yr angylion fry, a Mair yn rhoi'r fron
                        i'w mab yn y stabal yn y ffenest hon.

Rhagfyr 23:   A noswyl Nadolig yn dinsel, yn dân,
                        yn ein haileni i'r goleuni glân.

Rhagfyr 24:   Yng nghalon dyn mae angylion Duw
                        yn aileni rhyfeddod ein bod a'n byw;

Rhagfyr 25:   ac ar fore'r Nadolig, daw'r ddau beth ynghyd,
                        y plant yn eu gwlâu a'r Crist yn y crud;

                        ac yn hon, y ffenest olaf un
                        mae cymundeb byw rhwng Duw a dyn.

Galwad Cynnar

Yng Nghymru y mae rhyfeddodau,
adar a choed a blodau,
a mynyddoedd a dyffrynnoedd, a phrennau
yn gwegian gan ddail bob gwanwyn a haf;
rhyfeddod fel drudwy Gerlan,
drudwy yn gwrlid uwch Gerlan,
yn erlid ei gilydd uwch Gerlan;
cymylau'n malu'n fil o ddarnau mân, mân;
drudwy, cawodydd o ddrudwy,
lond awyr, a Gerlan yn dywyll.

Rhyfeddod fel rhyfeddod marwolaeth y dail ym Mro Elwy,
a'r farwolaeth yn ailenedigaeth y dail
o fewn trefn natur ei hun
eto ym mhair y tymhorau:
y drefn a fu'n bod erioed
cyn i hyrwyddwyr cynnydd
ymyrryd â'r tymhorau.

Yng Nghymru y mae rhyfeddodau,
rhyfeddod fel y gerddi ym Modnant,
bwa aur y banadl uwchben
y lôn islaw
fel ystafell mewn castell coeth
â'i nenfydau'n siandeliriau laweroedd;
eu melynder ar daen, a'r haenau
clòs o dresi aur fel clystyrau o sêr,
a'r lôn islaw
fel Lôn Goed felen i gyd.

Yng Nghymru hefyd mae rhyfeddod y môr,
y môr yn sisial yn isel, yn hisian fel sarff,
wrth olchi'r graean i'r lan;
ond ar draethau Cymru hefyd
mae ôl llanastr a gwastraff,
llanastr a gwastraff blith draphlith ar fymryn o draeth,
esgyrn hen bysgod, cragen cranc;
poteli a bagiau plastig
yn tagu'r adar, ac yn tynnu'r gwylanod i'r tir
o'u cynefin i leddfu eu cnofa
o lwgfa, oblegid i ni
lygru a gwenwyno'u cynefin, a dwyn eu cynhaliaeth,
a'u gyrru i fwydo ar faw
ein tomennydd gwastraff.

Ac ar raglen Gerallt Pennant
cewch glywed am y bwa aur yng Ngerddi Bodnant,
ac am ddrudwy Gerlan,
ac am yr hydref amryliw ym Mro Elwy
tra bo i natur a byd
ystyr a gwerth rhag y distryw i gyd
cyn inni halogi'r wylan gilwgus
â'n holew, a dwyn ei chynhaliaeth,
a dileu â'n mwg a'n cemegau
y rhywogaethau i gyd.

Bethlehem

Maen nhw'n llenwi pob un o silffoedd y tŷ erbyn hyn,
    cardiau Nadolig, a phob llun arnyn nhw yn gyfarwydd:
yr angylion lu, y tri brenin ar gopa'r bryn
    yn syllu ar y seren o bellter ac yn dilyn ei harwydd.

Conglfaen ei ffydd i'r crediniwr yw'r cardiau hyn
    tra bo'r amheuwr yn gobeithio mai gwir yw'r stori,
ond i'r anffyddiwr rhonc, dim ond celwydd gwyn
    yw Nadolig yr eira, y Seren, a'r Mab i'w drysori.

Amgenach yw Bethlem y gwn i Fethlem y cardiau
    lle mae gwaed Palesteiniaid yn staenio man geni Crist,
a milwyr Israel hwythau yn llenwi wardiau
    ysbytai â phlant maluriedig, toredig, trist.

A ddylid ar y cardiau hynny roi llun ceir ar dân
a lladd pob llawenydd a gobaith a mygu pob cân?

Cyflwr y Byd

(Rhagfyr 2016)

Rhyfel, bu'n rhyfel ar hyd yr oesoedd,
a thrwy'r Rwsia waedlyd,
a rhyfel Syria hefyd:
Tir Neb yw traean y byd.

Cerddi Phoebe Flo Read

Merch fach bump oed, disgybl yn Ysgol Gynradd Gymraeg Bryn-y-môr, Abertawe, ac un o ffrindiau pennaf fy wyres fach i, Ffion Haf, oedd Phoebe. Darganfuwyd bod ganddi dyfiant prin ar yr ymennydd. Nid oedd unrhyw wellhad ar gael i'r afiechyd hwn, ond gwrthododd y teulu ildio a gadael iddi farw heb wneud ymdrech i geisio achub ei bywyd. Clywyd bod triniaeth yn cael ei datblygu ym Mryste, ond roedd yn rhaid i Phoebe fynd i'r Almaen at arbenigwr arall cyn bod modd ystyried rhoi'r driniaeth iddi ym Mryste. Yr unig obaith i achub ei bywyd oedd mynd â hi i'r Almaen gyda'r gobaith y câi wellhad, neu o leiaf y câi estyniad i'w bywyd, yn y pen draw. Roedd angen £85,000 i dalu am y driniaeth a'r archwiliadau hyn, ac fe agorwyd cronfa gan y teulu i gasglu'r swm penodol hwn o arian. Cynhaliwyd gweithgareddau a digwyddiadau o bob math gan nifer o bobl, yn lleol ac mewn rhannau eraill o Gymru, i gasglu arian ar gyfer y gronfa, ac fe lwyddwyd i gyrraedd y nod. Ymunais innau yn y cynllun trwy wahodd ceisiadau am englynion gan bobl ar gost o £25 yr un, a llwyddais i godi dros £500. Rwy'n cynnwys yr englynion a luniais i godi arian ar gyfer triniaeth Phoebe yn y gyfrol hon am y rheswm syml fy mod wedi rhoi'r un gofal i'r englynion hyn ag a roddaf i bob cerdd arall a luniaf. Os ydyw unigolion yn barod i dalu £25 am englyn, maen nhw'n haeddu'r ymdrech orau bosib ar ran y bardd. Gyda thristwch y mae'n rhaid cofnodi na lwyddwyd i achub bywyd Phoebe, ond o leiaf fe wnaed ymdrech lew i geisio gwneud hynny. Rhagflaenir yr englynion comisiwn gan fy englyn er cof am Phoebe, a chan fy ngherdd 'Cyngerdd Nadolig Ysgol Gymraeg Bryn-y-môr'.

Er Cof am Phoebe Florence Read

(a fu farw ar Dachwedd 16, 2016, yn bump oed;
un o ffrindiau pennaf fy wyres fach)

Gall deigryn, wrth falu'n fil, un awgrym
o ddeigryn bach cynnil
uwch arch ffiaidd un eiddil,
grynhoi holl ddagrau ein hil.

Cyngerdd Nadolig
Ysgol Gymraeg Bryn-y-môr

(Rhagfyr 6, 2016)

Prynhawn ar ddechrau Rhagfyr,
a phlant bach Ysgol Bryn-y-môr
wedi dod ynghyd yn Eglwys Pantygwydr
ychydig uwchlaw Abertawe
i gynnal, yn nhymor geni
Mab y Tad i'r byd enbyd hwn,
eu cyngerdd Nadolig blynyddol.

Roedd y lle dan ei sang
ymhell cyn i'r cyngerdd gychwyn,
ac yna daeth Doethion ac angylion ynghyd,
gosgordd o angylion, â'u gwisgoedd
yn disgleirio'n glaerwyn fel goleuni,
yn dod â'r newyddion da
am yr enedigaeth fendigaid
gan wahodd plant y gwahanol genhedloedd
i gydio dwylo yn un frawdoliaeth;
a gwisgai'r plant hwythau ddilladau'r holl wledydd
a wahoddwyd i hyrwyddo heddwch
drwy'r byd i gyd yn Eglwys Pantygwydr.

Roedd pawb yno ac eithrio un,
yr un y cynhaliwyd y cyngerdd
er cof amdani;
plant ysgol, lond capel, yn tasgu
llawenydd drwy'r lle,
a'u hapusrwydd hwy yn cwmpasu'r ddaear;
holl wefr y Nadolig yn pefrio,
yn serennu, yn pelydru yn wynebau'r plant,
a'r plant i gyd yn llawn cyffro
wrth i ddydd y Nadolig nesáu,
ond un heb fod yno.

Roedd un gair yn amddifad o'r garol,
un o nodau'r gân wedi mynd ar goll,
a'r un a enillodd ein calonnau ni oll
ar lwyr ddifancoll,
ar goll yn y cyngerdd a gynhaliwyd
ar ei chyfer, i'w chofio.

Roedd y capel dan ei sang,
pob sedd yn gwegian, yn gwichian,
a hwythau'r angylion yn datgan
eu llawenydd gwynfydus yn nyfodiad y baban,
a phawb yno ond Phoebe ei hunan;
hi, ar wahân.

Roedd y plant yn gyffro i gyd,
yn y cyngerdd hwn a gynhaliwyd
i goffáu'r un na fedrai gyffroi
byth eto ar drothwy'r Nadolig
na deffro'r bore
i agor ei hanrhegion.
Oedd, yr oedd yno blant, llond lle o blant,
plant, a phlant, a phlant –
ond dim Phoebe Flo.

Dileodd y prynhawn
gwefreiddiol hwnnw o Ragfyr ddiawlineb
rhyfel am awr neu ddwy
wrth i blant bach y byd gydio dwylo ynghyd yng nghadwyn
helaeth brawdoliaeth dyn,
ond un heb fod yno.

Y llynedd yr oedd holl lawenydd yr Ŵyl
yn eiddo iddi hithau hefyd.
Disgleiriai'r disgwyl hir
yn ei hwyneb, a'i hwyneb yn tywynnu,
yn union fel y plant bach hynny
a fu'n canu'n y côr, a hwnnw yn gôr o frawdgarwch;
ac eto, eleni eto,
roedd hi yno yn gyffro i gyd,
roedd hi yno yn y cyngerdd a unai
ynghyd holl blant bach y byd,
yn bresennol yn ei habsenoldeb,
yn absennol yn ei phresenoldeb;
yno, yng nghanol y llond capel o blant,
yn canu, yn dawnsio ac yn cydio dwylo,
yr oedd Phoebe Flo.

Felin Uchaf

(cartref Mari a Dylan)

Agorwyd, o'i gyweirio'n ofalus,
    dŷ'r hen felin eto,
  a'i agor trwy'i Gymreigio:
  adfer gwlad a fu ar glo.

O'i ail-wneud, aileni iaith; creu aelwyd,
    creu o olion diffaith
  tŷ'r felin gartref eilwaith,
  creu gwerthoedd am oesoedd maith.

Mwynhau hirddyddiau o haf mwy a wnewch,
    a min nos o aeaf;
  byw i'r iaith, byw bywyd braf
  a wnewch yn Felin Uchaf.

Heulwen

Heulwen ei phersonoliaeth a'n rhwydodd
    erioed, a hudoliaeth
  ei gwên hi yw'r hyn a'i gwnaeth
  yn heulwen o ddynoliaeth.

I Delyth Mai Williams

Yn drigain, bydd cwmpeini Ela Grug
    yn ail-greu'r byd iddi,
    a heulwen mis ei geni
    yn haf yn ei chalon hi.

I Ddathlu Genedigaeth Steffan Elis

(Ebrill 13, 2016)

Ebrill, nid bod yn ddibris yr ydym
    o'th frodyr, yr wythmis,
    ond ti a fu inni'n fis
    anwylo Steffan Elis.

I Efa

(ar ei phen-blwydd yn un oed,
Mai 11, 2016)

Mae Efa'n hŷn nag un oed; hi yw dail
    hudolus y glasgoed;
    hi yw'r haf, pob haf erioed,
    ac Efa â Mai'n gyfoed.

A ninnau ein dau'n dynnach ein huniad,
    hi a'n gwna'n gadarnach;
    haul ein haf yw Efa fach;
    un Mai yw'n bywyd mwyach.

I Sonia a Shrey

(i ddathlu eu priodas)

Na foed i chi ofidiau, ac na foed
    i'ch gwên fyth droi'n ddagrau,
a boed drwy eich bywydau
i rin eich cariad barhau.

Y naill un yn llawenydd llwyr i'r llall
    o roi'r llw'n dragywydd;
a bydd oriau dau bob dydd
yn gwlwm yn ei gilydd.

I Tecwyn Ifan

(ar achlysur ei ymddeoliad o'r weinidogaeth)

Trwy roi dy dalent ar waith, trwy gynnal,
    trwy ganu ein gobaith,
oes brysur o lafurwaith
a roist i Grist ac i'r iaith.

Academi Hywel Teifi

Athrofa ein gwrthryfel, mae'r Gymraeg
mor wâr, mor ddiogel
ynddi hi, hyd oni ddêl
drwy'r wlad ddyhead Hywel.

Yr Athro Hywel Teifi Edwards

Parch ac amarch yn gymysg a feddai,
â'i regfeydd dros addysg:
un â'i werthoedd oedd ei ddysg,
a gwâr oedd y gŵr hyddysg.

Tŷ'r Gwrhyd

Ni bydd Gwenallt yn alltud mwy'n ei gwm,
nac iaith dyddiau'i febyd,
na'r Gweithiau ar gau i gyd
tra agorir Tŷ'r Gwrhyd.

Rhun

(ar ei ben-blwydd yn 40 oed)

Â thalent i forthwylio, â greddf bur
　　i fesur, dyfeisio,
　　fe wnaeth hwn, sylfaen a tho,
　　breswyl nad oes mo'i brisio.

Â'i dalent, creu adeilad fesul darn,
　　yn gadarn ei godiad;
　　adeiladu tŷ'n dref-tad,
　　a'i ddwylo'n llawn arddeliad.

Rhun yw'r un a'i cynlluniodd; ef ei hun
　　yw'r un a'i cywreiniodd;
　　ef ei hun a'i cyfannodd,
　　ac ef ei hun, Rhun, a'i rhodd.

Rhwydd ei fedrusrwydd wrth drin ei ddeunydd;
　　trwy'i ddawn anghyffredin,
　　hael y cawn yng Nghilcennin
　　groeso gwâr, a sgwrs, a gwin.